高等医学院校实验教材

供基础、临床、口腔、预防、护理、中医、中西医结合、医学检验等专业用

病原生物学实验指导

主　编　毛樱逾　杨兴友

副主编　陈文碧　佘俊萍

编　委　（按姓名汉语拼音排序）
　　　　陈　环　陈文碧　胡晓艳　刘方燕
　　　　罗　屏　毛樱逾　年四季　荣　华
　　　　佘俊萍　宋章永　王光西　向　丽
　　　　信彩岩　杨兴友　曾　静　张菲阳
　　　　张金平　张禄滑　张志坤　周英顺

北京大学医学出版社

BINGYUAN SHENGWUXUE SHIYAN ZHIDAO

图书在版编目（CIP）数据

病原生物学实验指导 / 毛樱逾，杨兴友主编.
北京 : 北京大学医学出版社, 2025. 1. -- ISBN 978-7
-5659-3317-2

Ⅰ. R37-33

中国国家版本馆CIP数据核字第2025BM0261号

病原生物学实验指导

主　　编：毛樱逾　杨兴友
出版发行：北京大学医学出版社
地　　址：（100191）北京市海淀区学院路 38 号　北京大学医学部院内
电　　话：发行部 010-82802230；图书邮购 010-82802495
网　　址：http：//www.pumpress.com.cn
E-mail：booksale@bjmu.edu.cn
印　　刷：北京金康利印刷有限公司
经　　销：新华书店
责任编辑：法振鹏　　责任校对：靳新强　　责任印制：李　啸
开　　本：787 mm×1092 mm　1/16　印张：8　字数：200 千字
版　　次：2025 年 1 月第 1 版　2025 年 1 月第 1 次印刷
书　　号：ISBN 978-7-5659-3317-2
定　　价：45.00 元

版权所有，违者必究

（凡属质量问题请与本社发行部联系退换）

前 言

病原生物学包括医学微生物学和医学寄生虫学两大部分,是医学专业重要的基础学科。实验教学是教学过程的重要组成部分,要求理论教学和临床教学紧密结合,注重培养学生的实践能力、分析解决问题的能力以及创新能力。

本教材定位于本科实验教学,依据学科特点分为病原生物学实验室要求及常用仪器设备、病原生物学常用技术与实验、综合性实验和设计性实验四篇。希望通过本教材的学习能使学生掌握病原生物学实验的基本方法和操作技术,强化无菌操作的观念、实验室的生物安全观念,加深学生对病原生物学基本理论的理解和认识,启迪学生的科学思维和创新意识,培养学生独立分析问题和解决问题的能力。书中编写的实验内容可供基础、临床、口腔、预防、医学检验、中西医结合、护理、中医等专业医学生使用及临床实践参考。

本实验指导是全体编者尽心努力完成的,但限于我们的学术水平和编写能力,以及医学知识不断更新的客观情况,本教材虽经反复审阅和修改,难免存在疏漏或不足之处,敬请同人和读者提出宝贵意见。

毛樱逾　杨兴友

目　　录

第一篇　病原生物学实验室要求及常用仪器设备 ………………………………… 1
第一章　实验室生物安全 ……………………………………………………………… 1
第二章　病原生物学实验室要求与规则 ……………………………………………… 3
第三章　实验室常用仪器的使用 ……………………………………………………… 5

第二篇　病原生物学常用技术与实验 …………………………………………………… 11
第一章　常用染色技术 ………………………………………………………………… 11
第二章　基础培养基的制备 …………………………………………………………… 23
第三章　病原生物学常用实验 ………………………………………………………… 26
  实验一　细菌形态与结构的观察 …………………………………………………… 26
  实验二　细菌的接种技术与人工培养 ……………………………………………… 27
  实验三　细菌的分布、理化因素对细菌的影响 …………………………………… 33
  实验四　细菌常用生化鉴定试验 …………………………………………………… 41
  实验五　病原性球菌的微生物学检测 ……………………………………………… 50
  实验六　肠道杆菌的微生物学检测 ………………………………………………… 56
  实验七　结核分枝杆菌实验 ………………………………………………………… 58
  实验八　厌氧性细菌、需氧芽孢杆菌实验 ………………………………………… 59
  实验九　螺旋体实验 ………………………………………………………………… 61
  实验十　真菌实验 …………………………………………………………………… 63
  实验十一　病毒学实验 ……………………………………………………………… 67
  实验十二　医学线虫实验 …………………………………………………………… 72
  实验十三　医学吸虫实验 …………………………………………………………… 84
  实验十四　医学绦虫实验 …………………………………………………………… 92
  实验十五　医学原虫实验 …………………………………………………………… 97
  实验十六　主要医学节肢动物实验 ………………………………………………… 105

第三篇 综合性实验 ·· 112
实验一 呼吸道标本的细菌学检查 ·· 112
实验二 泌尿生殖道标本的细菌学检查 ·· 114
实验三 混合虫卵观察 ·· 115

第四篇 设计性实验 ·· 116
实验一 暴发性腹泻病原体检查 ·· 116
实验二 透明胶带法调查大学生蠕形螨感染情况 ····························· 117

附录 病原生物学实验报告绘图要求 ·· 119

参考文献 ··· 120

第一篇

病原生物学实验室要求及常用仪器设备

第一章　实验室生物安全

生物安全（biosafety）是指避免危险生物因子（天然动物、植物、微生物以及经基因改造和转基因生物）对社会、经济、人类健康、生物多样性及生态环境造成危害或潜在威胁而采取的综合性措施。进行实验室生物安全教育的目的是在实验室从事与病原生物菌（毒）种样本有关的研究、教学、检测、诊断等活动时，防止病原生物扩散至外环境，保护实验室操作人员和公众的健康。

一、病原微生物分类

生物安全实验室的级别和能够在该级别实验室中操作的微生物是有对应关系的。我国根据病原微生物的传染性、感染后对个体或者群体的危害程度将病原微生物分为四类。

第一类病原微生物，是指能够引起人类或者动物非常严重疾病的微生物，以及我国尚未发现或者已经宣布消灭的微生物，如天花病毒、埃博拉病毒。

第二类病原微生物，是指能够引起人类或者动物严重疾病，比较容易直接或者间接在人与人、动物与人、动物与动物间传播的微生物，如人类免疫缺陷病毒、乙型脑炎病毒、结核分枝杆菌、霍乱弧菌。

第三类病原微生物，是指能够引起人类或者动物疾病，但一般情况下对人、动物或者环境不构成严重危害，传播风险有限，实验室感染后很少引起严重疾病，并且具备有效治疗和预防措施的微生物。

第四类病原微生物，是指在通常情况下不会引起人类或者动物疾病的微生物。

第一类、第二类病原微生物统称为高致病性病原微生物。根据具体情况，教学实验室一般能够对第三类和第四类病原微生物进行部分操作。

二、实验室分级管理

　　我国根据实验室对病原微生物的生物安全防护水平，并依照《实验室生物安全通用要求》的规定，将实验室分为一级、二级、三级、四级，实行分级管理。通常情况，生物安全防护水平综合了实验室操作、步骤、安全设备和实验设施等方面。对于微生物特定的生物安全水平的命名是基于风险评估的，并且包括多种因素，如感染性或致病性、生物稳定性、传播途径和微生物（可）传染性。

　　1．一级生物安全实验室（对应BSL-1）：适合对人类或者动物不致病的微生物；标准的预防措施和规范的实验室安全操作步骤；没有安全设备需要。

　　2．二级生物安全实验室（对应BSL-2）：适合与人类疾病相关联的微生物；标准的预防措施和规范的实验室安全操作步骤；需加上限制性使用、生物危险标识、警惕的预防和需要生物安全手册；实验服、手套和面部保护；污染的垃圾需要高压灭菌。

　　3．三级生物安全实验室（对应BSL-3）：适合可能导致严重或致命的后果，以及可能通过气溶胶传播的、天然的或外来的微生物；同BSL-2的操作并且有控制地使用；消毒所有的垃圾和实验服；基本血清的检测；呼吸保护；操作通道的身体隔离双门进出；负压气流系统非循环空气。

　　4．四级生物安全实验室（对应BSL-4）：适合威胁生命或未知传播风险的危险/外来的微生物；同BSL-3的操作以及在进入实验室之前更换服装；在出口淋浴；所有送出的材料需要消毒；在入口需要穿正压防护服；在单独的/分离的建筑物内操作；精细的空气供给系统和消毒系统。

第二章 病原生物学实验室要求与规则

一、实验目的与实验要求

（一）实验目的

实验是教学过程中的重要组成部分，通过实验使学生巩固和加深对理论知识的理解和记忆，更重要的是训练学生的动手和创新能力、观察并分析客观事物的能力、独立思考和解决实际问题的能力，为开展科学研究工作和学习临床课程奠定基础。

（二）实验要求

实验前必须认真、仔细地阅读实验指导和相关理论，明确实验目的、原理、操作步骤及注意事项。要以实事求是和严肃认真的态度对待每一次实验；应独立完成实验，不得让他人代劳；认真体验，不能只看不做；不得窃用他人实验结果，应如实记录实验报告，绝不允许随意更改实验数据或其他结果。如未达到预期实验结果，在条件允许的情况下可重做。

二、实验室规则及应急处理

（一）实验室规则

1．进入实验室前应了解生物安全基本知识。修剪指甲，长发应束在脑后，穿上防滑、防渗、不露足趾的鞋。进入实验室必须穿工作服，离开时脱下反折，工作服要经常清洗消毒。无菌操作时须戴口罩。

2．不必要的物品勿带入实验室，必要的文具、实验指导和笔记本应放在指定的区域。

3．实验室内禁止饮食、吸烟，不得高声谈笑或随意走动而影响他人实验。

4．要爱护实验室内的仪器，使用贵重仪器时要按规程要求操作。

5．实验过程中应注意节约实验材料，如有损坏器材，应及时报告、登记。

6．实验物品应按要求做好标记，放到指定地点，用过的实验材料按物品性质进行回收处理。严禁将实验使用的菌种、试剂等带离实验室。

7．实验所用的菌、毒种和具有传染性的血清，若不慎污染工作台、手、眼、衣服和地面等处，应立即报告老师及时做适当处理。

8．实验完毕后，物归原处，整理桌面，用消毒液泡手，再用清水冲洗。值日生做好清洁卫生,关好水、电和门窗,经带教老师检查后方可离开实验室。

(二) 实验室意外事故的应急处理办法

1. 皮肤破损:先除去异物,用蒸馏水或生理盐水洗净后,涂 2% 碘酊。

2. 烧伤:局部涂凡士林、5% 鞣酸或 2% 苦味酸。

3. 化学药品腐蚀伤:若为强酸,先用大量清水冲洗,再以 5% 碳酸氢钠溶液中和;强碱腐蚀时,先以大量清水冲洗,再用 5% 乙酸或 5% 硼酸溶液中和。若受伤处是眼部,经过上述步骤处理后,再滴入橄榄油或液状石蜡 1~2 滴。

4. 菌液误入口中时,应立即吐入消毒容器内,并用 1∶1000 高锰酸钾溶液或 3% 过氧化氢溶液漱口;并根据菌种不同,服用抗菌药物预防感染。

5. 菌液流洒桌面:将适量 2%~3% 甲酚(来苏尔)或 0.1% 苯扎溴铵(新洁尔灭)倒于污染面,浸泡半小时后抹去。若手上有活菌,亦应浸泡于上述消毒液 3 min 后,再用肥皂和水清洗。

6. 易燃物品(乙醇、二甲苯)不准靠近火源,如发生火警险情,须沉着处理,切勿慌张,应立即关闭电闸。切忌用水扑救,可用沙土等扑灭火苗。

7. 具有致病性的废弃物,应按其级别做好移交登记,标明危险品的内容和数量,进行回收处理。

第三章　实验室常用仪器的使用

病原生物学实验室常备仪器主要用于病原生物的形态观察、培养、消毒灭菌、菌种保存等，主要包括显微镜、普通培养箱、高压蒸汽灭菌器、滤菌器、超净工作台、生物安全柜、菌落计数器、冰箱等。本章主要介绍实验室常用仪器的主要用途、工作原理、操作方法及使用时的注意事项，为常规病原生物学实验的开展奠定良好基础。

一、显微镜

显微镜（microscope）以显微原理进行分类，可分为偏光显微镜、光学显微镜、电子显微镜、数码显微镜等。其中光学显微镜是病原生物实验中最常用的显微镜，主要用于各种微生物的形态及结构观察。本章主要介绍普通光学显微镜的使用。

【结构及原理】

光学显微镜由目镜、物镜、粗准焦螺旋、细准焦螺旋、光槽、物镜转换器、推进尺、载物台、升降器、镜筒、镜座、聚光器等组成（图1-3-1）。在细菌的形态学检查方面，油镜最常用。光线从标本玻片经空气进入物镜头时，由于介质密度不同而发生折射现象，因此进入物镜中的光线很少，结果导致视野偏暗，物像的清晰度较低，在使用高、低倍物镜时，透镜的孔径比较大，影响尚不显著。但在使用油镜头时，因透镜的孔径小，进入的光线不够，常致使物像显现不清。如果在油镜头和标本之间滴加香柏油，香柏油的折射率（$n=1.515$）与玻璃的折射率（$n=1.52$）比较接近，可增加进入透镜的光线，从而增大显微镜的折射率。且光线直接通过香柏油进入油镜不会发生折射，也可增加像场的亮度，获得清晰的物像。

【操作方法】

1. 将亮度调节器调至较弱，再打开电源开关。认清低倍镜、高倍镜、油镜的标志。切忌一开始即用高倍镜或油镜。
2. 观察玻片标本时，必须先用肉眼观察，认出其轮廓、特点和正反面，然后将标本置于载物台上，以推进尺固定，在低倍镜（10×）下观察，转动粗准焦螺旋（粗螺旋）至看出物像，对标本进行全面观察，初步掌握特征。
3. 低倍镜转换至高倍镜：在低倍镜下找到要观察的标本后，可将此物移至视野中央，转换成高倍镜头（40×），转动细准焦螺旋，使恰能看清物体。
4. 油镜的使用：在低倍镜下将所要观察的目的物移至视野中央，开大光栅，上升聚光器以增强亮度。在玻片标本上滴一小滴香柏油,然后从侧面看,仔细地注视着将油镜头(100×)转换过来并使镜头浸入镜油中,几乎与玻片相接触,但切勿使镜头直接压在玻片上,以免损坏镜头和标本。眼睛在目镜上观察时,徐徐向上旋转细准焦螺旋,直至看清物像为止。用完油镜后,必须先将镜头转开,然后取下标本,以擦镜纸的一角轻轻擦去镜头上的油滴,并在擦镜纸的另一角滴上少许清洗剂,擦净油镜头,最后再用干净的擦镜纸轻擦镜头,直到干净为止。严禁用一般的纸张、白布或手指擦拭,以免损伤镜头。玻片标本上所滴加的香柏油,在使用完毕后,亦应立即擦净。擦无盖玻片的染色玻片标本时,必须先以干净的擦镜纸轻轻拭去玻片上的香柏油,然后在玻片标本上滴加一小滴清洗剂,将擦镜纸轻轻贴在玻片上向一方轻拉。擦拭有盖玻片的染色玻片标本时,可用滴加清洗剂的擦镜纸直接在盖玻片上擦拭。

【注意事项】

1. 对可以流动的或活的标本,不可用油镜观察。
2. 观察悬液涂片时,切勿将镜座倾斜,以免液体外流污染载物台。
3. 使用显微镜时严禁拆卸各部件。

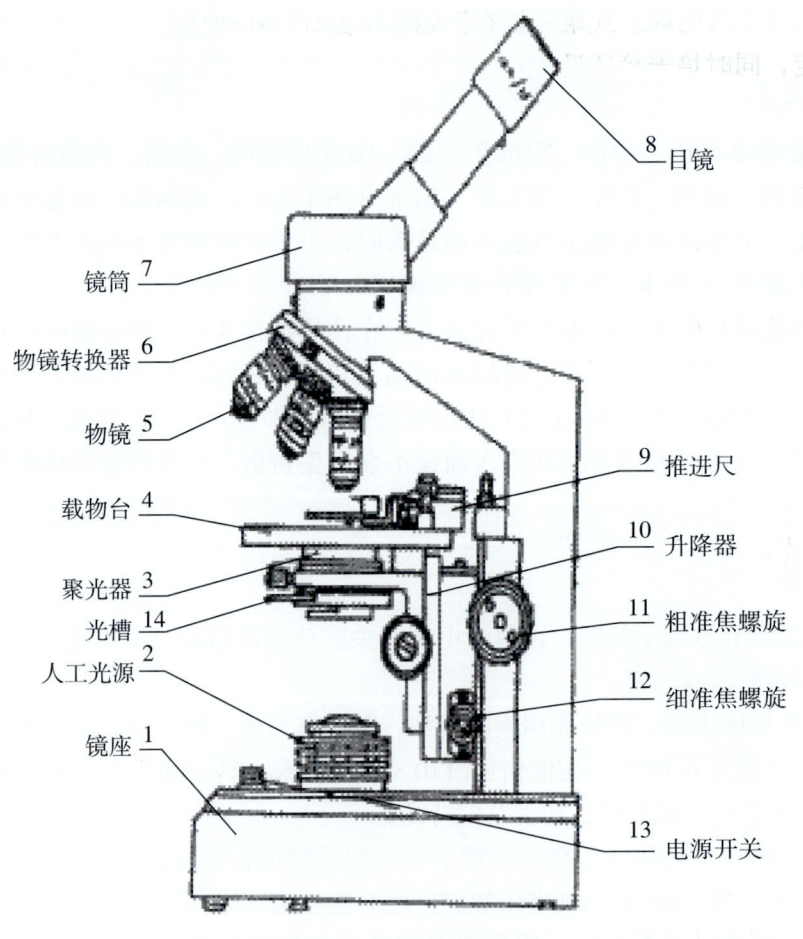

图 1-3-1　光学显微镜构造

4. 使用完毕后，必须复原才能放回镜箱内，其步骤是：取下标本片，转动转换器使镜头离开通光孔，降低载物台，下降聚光器，关闭光圈，推片器回位，将亮度调节器调至最弱，再关闭电源开关。

二、普通培养箱

普通培养箱是进行病原生物培养的重要设备，常用于细菌、真菌、原虫等病原生物的培养繁殖。其原理是应用人工的方法，控制温度、湿度、气体等条件，在培养箱内创造细菌等病原生物合适的生长环境，以满足病原生物的生长繁殖需要。

【结构及原理】

普通培养箱分为电热式和隔水式两种。两类培养箱的外壳相似，通常用石棉板或铁皮喷漆制成，但内层结构不一样。隔水式培养箱内层为紫铜皮制的贮水夹层，采用电热管加热水的方式加温，可使培养箱内维持一定的湿度和温度；电热式培养箱的夹层由石棉或玻璃棉等绝热材料制成，采用的是电热丝直接加热的方式。隔水式培养箱在病原生物实验室中使用最为普遍。现代的隔水式培养箱有智能显示面板，在面板上会显示箱内的温度，还可进行温度设定，同时培养箱还设有感应器自动感应贮水夹层的水位，低于或高于规定水位时，都会自动报警。

【操作方法】

1. 将接种了病原生物的培养基置于培养箱内。
2. 电源接通后，正面的红色指示灯亮，设置培养所需要的温度，待温度达标后，红色指示灯熄灭，表示箱内已达到所需温度。此后箱内温度可靠温度控制器自动控制，使箱内温度恒定。并利用空气对流，使箱内温度均匀。

【注意事项】

1. 培养箱内不宜放置过热或过冷的物品，以免影响箱内温度调节。
2. 定期对培养箱进行清洁消毒。

三、高压蒸汽灭菌器

高压蒸汽灭菌法是医学上最常用、最有效的一种湿热灭菌方法。

【结构及原理】

高压蒸汽灭菌器（autoclave）利用密闭的空间，通过提高容器内蒸汽的压力达到提高水蒸气的温度，从而发挥良好的灭菌效果。通常在 103.4 kPa（1.05 kg/cm^2）的蒸汽压力下，高压蒸汽灭菌器内温度可达到121.3℃，此温度下维持20～30 min可杀灭包括细菌芽孢在内的所有微生物（朊粒除外）。高压蒸汽灭菌器是生物安全实验室的必备设备，具有灭菌谱广、灭菌效果好、作用快速、无残余毒性等优点，适用于一般培养基、生理盐水、手术敷料等包括液体在内的各种耐热、耐潮湿物品的灭菌。

高压蒸汽灭菌法的灭菌效果与灭菌时间、灭菌温度及灭菌器的蒸汽饱和度有关。随着高压蒸汽灭菌器内蒸汽压力的升高，温度也相应升高，但灭菌器温度与压力的关系易受容器内残留冷空气的影响，因此使用高压蒸汽灭菌器进行高压蒸汽灭菌操作时，必须先排尽灭菌锅内的冷空气，以保证灭菌器内实际温度达到规定所需温度。

【操作方法】

1. 在外锅内加入适量的蒸馏水，使水面与三角搁架相平。将待灭菌物品放入内锅中，盖上锅盖并对称拧紧螺旋使容器紧闭。

2. 接通电源或直接在可调电炉上加热，并同时打开排气阀，使水沸腾以排除灭菌锅内的冷空气（5～10 min）。

3. 待冷空气完全排尽后，关上排气阀。继续加热直到压力表逐渐升至所需压力（一般是103.5 kPa，温度达121.3℃）。调节热源，使压力维持20～30 min，可达到灭菌效果。

4. 灭菌结束后，切断电源或停止加热，让灭菌锅内温度自然下降。当压力表的压力指针降至零位时，再打开排气阀排出蒸汽，使灭菌锅内的压力与外部压力相等。打开盖子，取出灭菌物品。

5. 灭菌物品取出后，需要烤干的物品应尽快放入烤箱，以免污染；灭菌的培养基等物品须冷却至室温后，再置4℃冰箱进行保存。

【注意事项】

1. 高压蒸汽灭菌器功率较大，所需电压较高，需与常用照明电源分开。

2. 使用前，注意检查排气阀、安全阀及压力表的性能是否正常，以保证容器内温度与表的指示一致。

3. 加热时务必排尽灭菌锅内的冷空气，否则温度可能达不到灭菌要求。

4. 灭菌锅内放置的物品不能过于密集，一般不超过内锅容积的80%。物品之间要留一定的缝隙，以利于空气流通。

5. 灭菌后，必须等压力表指示降至"0"方可开盖取物，否则内外压力不平衡或冷空气突然进入，可能导致玻璃炸裂或瓶塞冲出瓶口，造成塞子沾染培养基，甚至灼伤操作者。

6. 每次使用完毕后，都应放掉锅内余水且将锅晾干，以免外锅结水垢或生锈。

四、滤菌器

滤过除菌法是用物理阻留的方法机械性地除去液体或气体中的细菌、真菌等微生物，以达到无菌目的。滤过除菌所用的器具是滤菌器（bacterial filter），主要用于不耐高温的血清、细胞培养液、毒素、抗生素等液体的除菌，也可用于超净工作台、空气净化室的空气滤过除菌。

【结构及原理】

滤菌器的滤板或滤膜上含有微细小孔（孔径≤220 nm），只容许小于孔径的物体通过，而大于其孔径的细菌、真菌等颗粒则被阻留在外。滤菌器的种类很多，常用的滤菌器主要有石棉滤菌器、玻璃滤菌器和薄膜滤菌器等。目前常用针头式滤菌器，上方接上注射器即可使用。

【操作方法】

1. 将清洁的滤菌器、滤瓶包装好后进行高压灭菌，再以无菌操作将滤菌器与滤瓶装好，使滤菌器的侧管与缓冲瓶相连，再将缓冲瓶与抽气机相连。
2. 将待滤液体缓缓倒入滤菌器内，开动抽气机使滤瓶中压力降低，滤液则在负压吸引下流入滤瓶。
3. 滤毕，迅速将滤瓶中的滤液分装到无菌容器中保存。

【注意事项】

1. 滤菌器一般不能除去病毒、L型细菌、支原体及衣原体等微生物。
2. 多数滤菌器经高压灭菌后可重复使用。但薄膜滤菌器多为一次性的。

五、超净工作台

超净工作台是一种局部工作区域净化设备，通过风机将空气吸入，经由静压箱通过高效过滤器过滤，将过滤后的洁净空气以垂直或水平气流的状态送出，使操作区域形成无尘无菌的高洁净度工作环境。

【结构及原理】

超净工作台一般安装有紫外线灯管，通过紫外线照射进行台内空间的消毒。其进风口一般在工作台正上方，进风先通过一层金属网罩，网罩内有泡沫塑料片和超级过滤器，可除去粒径大于0.3 μm的尘埃、细菌和真菌孢子等。鼓风机将空气通过过滤器后吹送出来，形成连续不断、无尘无菌的超净空气层流，流速为24～30 m/min的超净空气足够防止附近空气可能引起的污染，而且不会妨碍酒精灯的使用。超净工作台的鼓风方式一般是从内向外，这种方式只对操作对象有保护作用，对其他人是没有保护作用的。

【操作方法】

1. 使用前应先打开紫外线灯，对工作区域照射灭菌30 min以上。
2. 使用前20 min打开通风机。

3．使用时，关闭紫外线灯，开启日光灯，再点燃酒精灯，尽量在酒精灯火焰周围进行操作。

4．操作完成后，可用消毒剂擦拭台面，但要特别注意不能用有机溶剂（如酒精等）擦拭超净工作台的有机玻璃面板，开启紫外线灯消毒灭菌 20 min 后关闭紫外线灯，关闭电源。

【注意事项】

1．进风口金属网罩内的泡沫塑料片应常检查、拆洗，如果泡沫塑料老化，要及时更换。
2．操作区不允许放置不必要的物品，保持洁净、气流通畅。
3．请勿在周围有人时开启紫外线灯。

第二篇

病原生物学常用技术与实验

第一章 常用染色技术

微生物的细胞质通常是透明或半透明的，且含有大量水分。当细菌悬浮在水溶液中时，其对光线的吸收和反射与背景环境相差不大，没有显著的明暗差，不便于观察其形状，更无法识别其细微结构。为了能在光学显微镜下观察和描述微生物，微生物学染色方法就非常重要了。

微生物染色的基本原理是物理因素和化学因素综合作用的结果，物理因素是指细胞及细胞物质对染料的毛细现象、渗透、吸附作用等，化学因素则是指不同性质细胞成分和染料相互作用后发生的各种化学反应。

细菌等电点较低，一般在 pH 2～5 之间，故在中性、碱性或弱酸性溶液中菌体蛋白质电离后带负电，遇到带正电的碱性染料，两者很容易发生结合。所以，细菌学上常用碱性染料进行染色。影响染色的因素还包括细菌的菌龄、菌体细胞膜的通透性、膜孔的大小、细胞结构完整与否等。此外，培养基的组成、染色液的电解质含量及 pH、温度、药物作用等，均能影响细菌的染色效果。

一、革兰染色法

【实验目的】

掌握革兰染色法的原理、方法、结果及意义。

【实验原理】

革兰染色法是由丹麦病理学家 Hans Christian Gram（1853—1938）于 1884 年创立，是细菌学中最经典、最常用的染色法之一。利用革兰染色法不仅可以观察细菌的形态大小、排列方式等，还可根据染色结果将细菌分为革兰阳性菌（G^+）和革兰阴性菌（G^-）两大类。因此，革兰染色法在鉴别细菌、选择抗菌药物、研究细菌的致病性等方面都具有重要意义。

革兰染色法的染色原理至今尚未彻底阐明，目前主要倾向于细胞壁学说。革兰阳性细胞壁结构比较致密，肽聚糖含量高且交联度大，脂质含量少，乙醇脱色过程中，虽然能溶解细胞壁的脂质在壁上形成小孔，但脱水作用使细胞壁收缩构成屏障，通透性降低，阻止细胞内的结晶紫-碘复合物溢出，反而会将结晶紫-碘复合物牢牢锁在细胞内，即使经过复染，细胞仍会保留结晶紫初染的紫色。而革兰阴性菌细胞壁结构较为疏松，肽聚糖层较薄且交联度差，厚厚的外膜层含有丰富的脂质，遇到具有良好溶脂作用的乙醇后，以类脂为主的外膜迅速溶解，薄而松散的肽聚糖网不能阻挡结晶紫-碘复合物的溶出，细菌脱色，经稀释碳酸品红染液复染后即呈红色。

【实验材料】

1. 标本：大肠埃希菌、葡萄球菌 18～24 h 培养物。
2. 染色液：结晶紫染液、卢戈碘液、稀释石炭酸品红染液。
3. 其他：接种环、酒精灯、载玻片、香柏油、生理盐水、95% 乙醇、擦镜纸等。

【实验方法】

1. 涂片标本的制备（图 2-1-1）

（1）涂片：将接种环放在酒精灯的火焰上灭菌后取 1～2 环生理盐水置于一张洁净载玻片中央。将接种环灭菌后刮取少许菌落于生理盐水中研磨成乳浊状，并涂成直径约 1 cm 的菌膜（若用细菌的液体培养物制片，可直接取材涂片，不加生理盐水）。

（2）干燥：最好自然干燥。必要时也可将涂片的标本面向上，在离酒精灯火焰较远处小心烘干。切勿靠火焰太近，以免将标本烤枯，使细菌变形，影响实验结果观察。

（3）固定：手执载玻片一端，标本面向上，在酒精灯外焰上以钟摆速度来回通过 3 次，目的是杀死细菌，使菌体与玻片黏附更牢固，染料更容易进入菌体。

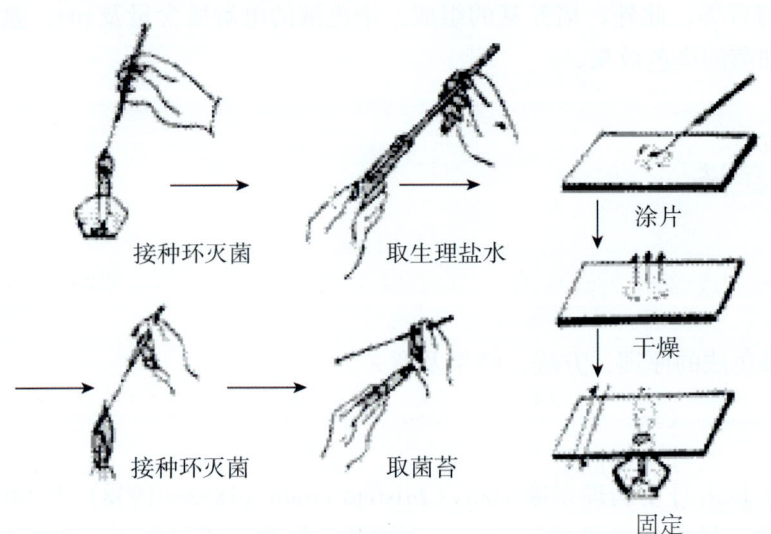

图 2-1-1 细菌涂片标本的制备

2．革兰染色

（1）初染：滴加 1～2 滴结晶紫染液于标本菌膜上，1 min 后，用细小水流冲洗，并倾去玻片上的余水。

（2）媒染：加卢戈碘液 1～2 滴于菌膜上，1 min 后，用细小水流冲洗，并倾去玻片上的余水。

（3）脱色：加 95% 乙醇 1～2 滴于菌膜上，轻轻晃动玻片 20～30 s，然后用细小水流冲洗，并倾去玻片上的余水。

（4）复染：加稀释石炭酸品红染液 1～2 滴于菌膜上，1 min 后，用细小水流冲洗，并倾去玻片上的余水。待标本干燥后，用油镜观察。

【实验结果】

葡萄球菌是革兰阳性菌，被染成紫色；大肠埃希菌是革兰阴性菌，被染成红色。

【注意事项】

1．细菌涂片时，菌膜应薄而均匀，涂菌动作要轻，防止菌液迸溅。

2．染色过程中，应该用细小的水流冲洗，且水流不宜直接冲在菌膜上。

3．应特别注意掌握好脱色时间，过长或过短均会影响染色实验结果；染色中染液不能干涸。

【思考题】

1．染色效果好坏取决于哪些因素？标本片制备应注意哪些问题？

2．染色后，葡萄球菌若被染为红色，试分析其原因。

二、抗酸染色法

【实验目的】

掌握抗酸染色法的原理、方法、结果及意义。

【实验原理】

抗酸染色法是 1882 年由埃利希（F.Ehrlich）首创并经齐尔（F.Ziehl）改进的一种细菌鉴别染色法，目前最经典、最常用的是齐尔 - 尼尔森抗酸染色法（Ziehl-Neelsen acid-fast staining）。

分枝杆菌属的细菌及少数放线菌的细胞壁内有大量脂质成分，包围在肽聚糖的外面，即使用浓石炭酸品红对其染色也不易着色，需要在染色的同时进行加热或延长染色时间来促进其着色。一旦着色，该类细菌细胞壁脂质中的主要成分分枝菌酸即可与石炭酸品红结合形成牢固复合物，很难被酸性脱色剂脱色，因此被称为抗酸杆菌。再用碱性亚甲蓝进行复染，抗酸杆菌仍保持石炭酸品红的红色，而其他非抗酸性细菌及背景则会被染成蓝色。

抗酸染色法主要用于某些抗酸杆菌相关疾病（如结核、麻风等）的检查。

【实验材料】

1．标本：痰液标本的采集以清晨为最好；将患者咳出的痰液，置入洁净容器内送检；痰液如不能立即检查，应放入冰箱内保存，以防止杂菌生长，影响结果；根据不同病变部位采集相应的材料送检；可用 3% HCl 或 4% NaOH 处理标本，以提高检出的阳性率。

2．抗酸染色液：浓石炭酸品红染液，3% 盐酸乙醇脱色液（浓盐酸 3 ml 加入 95% 乙醇 97 ml），碱性亚甲蓝染液。

3．其他：无菌棉签、载玻片、酒精灯、香柏油、二甲苯、擦镜纸等。

【实验方法】

1．涂片标本的制备：用竹签挑取干酪样、脓样痰液 0.1 ml，放于载玻片中央，均匀涂布成 2 cm× 2.5 cm 的卵圆形痰膜（一份标本涂一张玻片），自然干燥后手持玻片快速来回通过酒精灯外焰 3～5 次完成固定。

2．抗酸染色

（1）初染：将石炭酸品红染液滴加覆盖于痰膜部位，于火焰高处徐徐加热直至有蒸汽冒出（切不可煮沸）。当染液蒸发时，应将载玻片离开火焰滴加染液补充，防止染料干燥及玻片断裂，维持 5～7 min，玻片冷却后水冲洗。

（2）脱色：加入 3% 盐酸乙醇脱色，轻轻晃动玻片，直至无红色染液析出为止；一般需 1～2 min，然后用水冲洗。

（3）复染：用碱性亚甲蓝染液复染 1 min 后用水冲洗，干燥后用油镜观察。

【实验结果】

将玻片置油镜下观察，非抗酸菌和标本中细胞等均染成蓝色，结核分枝杆菌呈红色，即抗酸染色阳性菌，在淡蓝色背景下可见染成红色的细长或略带弯曲的杆菌，有分枝生长趋向。

【注意事项】

1．加热时切勿将染色液加温至沸腾，并注意添加染色液，保持染色液覆盖痰膜，不可使染色液干涸。

2．涂片时可增加涂片厚度以提高检出率。

【思考题】

1．抗酸染色法检测结核分枝杆菌为什么要加热？

2．在痰标本中查出抗酸杆菌有何诊断意义？

三、螺旋体镀银染色法

【实验目的】
熟悉螺旋体 Fontana 镀银染色法的原理、方法、结果及临床意义。

【实验原理】
螺旋体是细长、柔软、弯曲呈螺旋状、运动活泼的原核细胞型微生物。其菌体长度可达 3~30 μm，直径却仅为 0.2~0.4 μm，革兰染色着色较为困难。

显微镜下观察密螺旋体和钩端螺旋体，一般采用 Fontana 镀银染色法进行染色。镀银染色时，氨银溶液中的硝酸银在媒染液的作用下易沉积在钩端螺旋体表面，细长的菌体增粗并呈棕褐色，在镜下清晰可见。

【实验材料】
1. 标本：钩端螺旋体液体培养物。
2. 染色液：固定液（冰醋酸 1 ml、甲醛 2 ml、蒸馏水 100 ml），媒染液（鞣酸 5 g、苯酚 1 g、蒸馏水 100 ml），氨银溶液（5% 硝酸银液，逐滴加入 10% 氨液，至所产生的棕色沉淀物轻轻摇动即可溶解为止）。
3. 其他：生理盐水、载玻片、接种环、酒精灯、香柏油、二甲苯、擦镜纸等。

【实验方法】
1. 涂片标本的制备：取洁净载玻片 1 张，在中央滴加 1 滴生理盐水，接种环烧灼灭菌并冷却后，蘸取少量钩端螺旋体培养物与其混匀，制成菌悬液（宜薄）。将玻片置于室温下自然干燥形成菌膜（不用火焰固定）。在菌膜上滴加 2~3 滴固定液，作用 1~2 min 后，流水洗净固定液。
2. 镀银染色

(1) 媒染：在菌膜上滴加 2~3 滴媒染液，将其置于火焰上方微微加热至产生蒸汽。维持 30 s 后，流水洗净媒染液。

(2) 氨银溶液染色：滴加氨银溶液 2~3 滴至完全覆盖菌膜，加温至发生蒸汽后维持 30 s，流水洗净残留的氨银溶液。晾干标本后滴加香柏油，镜下观察。

【实验结果】
钩端螺旋体 Fontana 镀银染色下，背景为淡棕色，钩端螺旋体染成棕褐色，一端或两端有钩，但螺旋不清楚（图 2-1-2）。

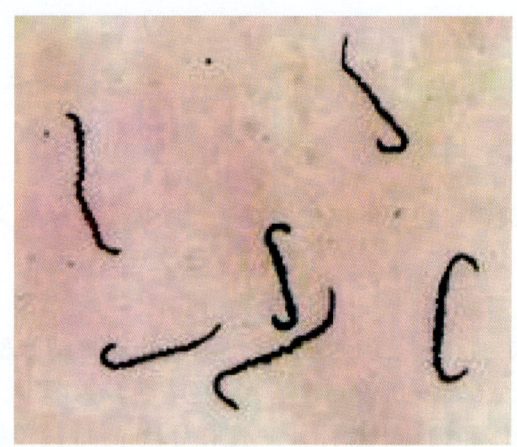

图 2-1-2　钩端螺旋体 Fontana 镀银染色

【注意事项】

1．制片时，不可进行火焰固定，应使用配制的固定液进行化学固定。
2．媒染和银染时均只需微微温热 30 s，看到蒸汽冒出应使玻片适当离开火焰，切不可使染液过热甚至沸腾。
3．冲洗需彻底，否则背景中可能有较多的硝酸银沉淀。

【思考题】

1．螺旋体镀银染色的原理是什么？
2．制片过程中能否对螺旋体标本涂片进行火焰固定？简述其原因。

四、真菌乳酸酚棉蓝染色法

【实验目的】

了解真菌乳酸酚棉蓝染色的原理、方法及结果。

【实验原理】

真菌是真核细胞型微生物，多数为多细胞真菌，少数为单细胞真菌。由于真菌在结构上比原核细胞型微生物更加复杂，体积也更大，因此在光学显微镜下就可以对真菌进行观察。某些真菌标本可不经染色，即可在低倍镜和高倍镜下观察其菌丝和孢子的特征。如果经过适当的染色处理，真菌结构的观察会变得更加清晰。

真菌常用的染色法很多，包括革兰染色法、亚甲蓝-伊红染色法、乳酸酚棉蓝染色法等。其中乳酸酚棉蓝染色法是最为广泛使用的真菌染色法之一，适用于所有类型的真菌，且步骤简单易操作。

【实验材料】

1. 标本：白假丝酵母菌（白色念珠菌）、红色毛癣菌、石膏样小孢子菌的琼脂斜面培养物。
2. 染色液：乳酸酚棉蓝染液。
3. 其他：载玻片、盖玻片、接种环、酒精灯、擦镜纸、70% 乙醇溶液等。

【实验方法】

1. 标本的制备：取洁净载玻片 1 张，滴加 1 滴 70% 乙醇于载玻片中央，用无菌接种环挑取少量真菌培养物与其混匀。
2. 乳酸酚棉蓝染色：在乙醇挥发之前，迅速加入 1～2 滴乳酸酚棉蓝染液并混匀。盖上盖玻片，制作好的标本可微微加热，也可不加热。先在低倍镜下判断真菌有无菌丝和孢子，再用高倍镜仔细观察菌丝和孢子的具体特征。

【实验结果】

白假丝酵母菌为单细胞真菌，菌体呈卵圆形，大小不等，染色不匀，有时可见呈藕节状的假菌丝（多见于营养丰富的情况下）。丛生的芽生孢子呈圆形或卵圆形。红色毛癣菌菌丝有隔，两侧可见梨形或棒状侧生小分生孢子，有的有较短的分生孢子柄，大分生孢子较少，壁薄，细长，表面光滑呈棒状。在陈旧培养基中可见厚膜孢子、关节孢子、球拍状菌丝。石膏样小孢子菌可见大分生孢子呈纺锤形，具有分隔，每隔为一个细胞。菌丝两侧可有无柄或短柄的少数棍状小分生孢子，有时可见厚膜孢子，菌丝呈球拍状、梳状或结节状。

【注意事项】

盖玻片先用其一端接触染色液边缘，再慢慢放下另一端，避免出现气泡。

【思考题】

1. 为什么有的真菌在显微镜下可观察到菌丝或孢子，有的真菌则观察不到？
2. 白色念珠菌的假菌丝是如何形成的？

五、新生隐球菌墨汁负染色法

【实验目的】

了解新生隐球菌墨汁负染色法的原理、方法及结果。

【实验原理】

酸性染色液不能使菌体着色，而使背景着色形成反差，故称为负染。

【实验材料】

1. 标本：新生隐球菌的琼脂培养物。
2. 染色液：墨汁。
3. 其他：载玻片、盖玻片、接种环、酒精灯、擦镜纸等。

【实验方法】

在载玻片的中央滴一滴墨汁，用无菌接种环挑取少量新生隐球菌的培养物与墨汁充分混合，盖上盖玻片，静置 20 min 后镜检。

【实验结果】

背景被染成黑色，新生隐球菌透亮，呈圆形或者卵圆形，菌体外有厚厚的荚膜，有些菌体可见芽生孢子。

【注意事项】

盖玻片先用其一端接触染色液边缘，再慢慢放下另一端，避免出现气泡。

【思考题】

负染法适合哪些微生物的染色？

六、疟原虫血膜涂片染色法

【实验目的】

血膜涂片染色是临床诊断疟疾的基本方法，掌握疟原虫薄、厚血膜的制作和染色方法。

【实验原理】

疟原虫寄生在红细胞内，经染色后可对疟原虫形态做出鉴定。

【实验材料】

1. 标本：临床检查一般取患者的手指或者耳垂下方外周血作为实验检查标本，本实验以感染伯氏疟原虫（Plasmodium berghei）的小白鼠尾血为检查标本。
2. 染色液：瑞特染液、吉姆萨染液。
3. 其他：清洁载玻片、推片、剪刀、蒸馏水、甲醇、pH 7.0～7.2 缓冲液、玻璃蜡笔、油镜、75% 乙醇棉球等。

【实验方法】

1. 薄血膜的制作（图 2-1-3a）

（1）取血：将伯氏疟原虫保种的小白鼠的尾部末端用 75% 乙醇棉球消毒后剪去 2 mm，从尾部挤出血滴，滴于洁净无油脂的载玻片上，位置在 1/3 与 2/3 交界处。

（2）推片：左手持滴血的载玻片，右手取一边缘光滑的载玻片作为推片，将推片的一端与血滴接触，玻片与推片间保持 30°～40°，当血滴沿推片扩散后，匀速向前推出，推成长舌状。

2. 厚血膜的制作（图 2-1-3b）

（1）取血：取伯氏疟原虫保种的小白鼠的尾部 1～2 滴血（约 10 μl），滴于薄血膜载玻片右 1/3 处。

（2）推片：用推片的一角，将血滴从内向外作螺旋状旋转涂成直径约 1 cm，厚薄均匀的厚血膜。

3. 固定和溶血

（1）固定：薄血膜片充分自然干燥后，用玻璃蜡笔在厚、薄血膜间划一条线，防止把甲醇固定液带到厚血膜。滴 1～2 滴甲醇于薄血膜上，作用 20 s，以固定薄血膜，待薄血膜干透待用。

（2）溶血：用滴管滴蒸馏水于厚血膜上，待厚血膜由红色变成灰白色时，将水倒去，自然晾干备用。

4. 染色：染色前用玻璃蜡笔在血膜两端各划一条线，以防染液外溢。

（1）吉姆萨染色法：染色效果较好，血膜褪色较慢，保存时间较久，但染色所需时间较长。

①染色前用 pH 7.0～7.2 的缓冲液将吉姆萨染液原液按 19∶1 稀释。

②加稀释的吉姆萨染液约 1 ml 于厚、薄血膜上，30 min（室温）后用缓冲液冲洗（冲洗前切勿先倾去染液，以免沉渣附着于血膜不易冲掉）。

③血膜晾干后油镜下检查。

（2）瑞特染液染色法：操作迅速简便，适用于临床诊断。但血片放置过久易褪色。

①瑞特染液含甲醇，因此制作薄血膜不需要另外固定，而厚血膜则需要先溶血，待血膜干后再染色。

②滴加瑞特染液于血膜上，使其完全覆盖厚、薄血膜。0.5～1 min，待染液中的甲醇固定标本后，滴加等量的蒸馏水或缓冲液，轻轻摇动载玻片混匀，染 3～5 min。

③待出现金属光泽的浮膜，用磷酸缓冲液或流水冲洗干净（冲洗前切勿先倾去染液或者直接冲洗血膜，避免染料颗粒沉着），斜置玻片晾干后镜检。

【实验结果】

1. 油镜下观察可见到红细胞平铺，无重叠现象。白细胞核呈紫蓝色，血膜上无染料残渣沉着，表明染色良好。本次实验经染色的鼠血薄血膜中鼠疟原虫数量多，被寄生的红细胞明显胀大，常见红细胞内有多个疟原虫寄生，疟原虫胞质呈蓝色，核为红色。

2. 厚、薄血膜的优缺点：用薄血膜观察疟原虫，可保持完整的红细胞，有助于鉴别虫种，但疟原虫数量较少，需细心寻找。厚血膜取血量多，虫体集中，检出率高，但溶血后的红细胞失去完整形态，只剩下疟原虫和疟色素，无经验者不易识别。故为了取长补短，在流行病学调查时，一般采用在同一张玻片上做厚薄两种血膜。

【注意事项】

1. 载玻片应洁净无油污，以免血膜上产生空泡样的空白区。
2. 推片的边缘要平整光滑，推力要均匀，中途不能停顿，以免血膜厚薄不匀。
3. 涂成的血膜让其自然干燥，切勿加热或暴晒，以免影响染色效果。
4. 加缓冲液时要充分混匀，染色后用流水缓慢冲去染液，避免染料残渣沉着在血膜上。
5. 观察疟原虫薄血膜片时，注意疟原虫与异物的区别，疟原虫与各类血细胞的区别。

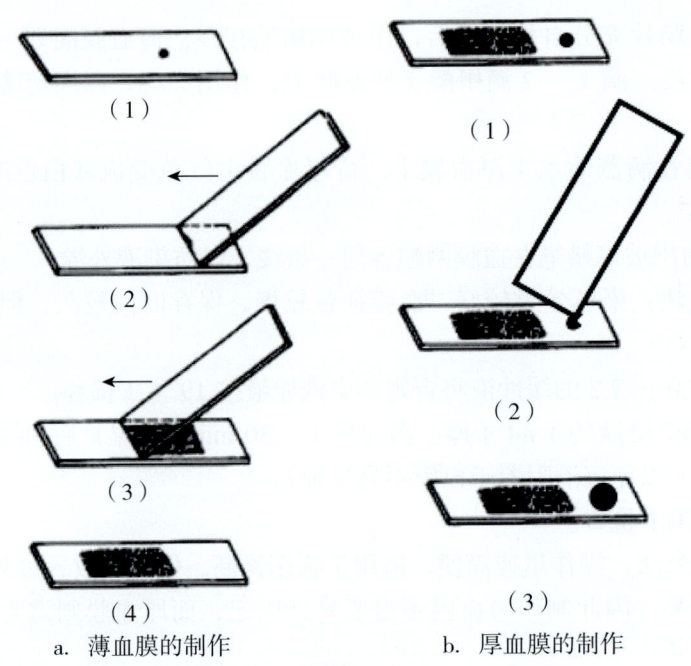

a. 薄血膜的制作　　　　b. 厚血膜的制作

图 2-1-3　厚、薄血膜的制作过程

【思考题】

疟原虫血膜涂片的制作及吉姆萨染色法和瑞特染液染色法有哪些注意事项？

七、丝虫微丝蚴厚血膜涂片染色法

【实验目的】

掌握丝虫微丝蚴厚血膜的制作和染色方法。

【实验原理】

根据微丝蚴有夜现周期性的现象，故夜间取受检者外周血液，制成厚血膜涂片，经染色后，置显微镜下观察微丝蚴。

【实验材料】

1．标本：在晚上 10 时至次晨 2 时之间取受检者耳垂或指尖外周血。
2．染色液：吉姆萨染液。
3．其他：一次性采血针、75% 乙醇棉球、载玻片、推片、甲醇、pH 7.0～7.2 缓冲液、玻璃蜡笔等。

【实验方法】

1．厚血膜的制作
（1）取血：于晚 10 时至次晨 2 时之间，用 75% 乙醇棉球消毒耳垂或指尖，取 3 大滴（血量太少则不易找到微丝蚴）血液于洁净、无油的载玻片上。
（2）推片：用推片之角将血涂成直径 1.0～1.5 cm 大小的圆形或椭圆形血膜。
（3）溶血：充分干燥后，用滴管滴蒸馏水于厚血膜上，待厚血膜由红色变成灰白色时，将水倒去，自然晾干。
2．染色：染色前用玻璃蜡笔在血膜两端各划一条线，以防染液外溢。
（1）用甲醇 1 滴将血膜固定，待干。
（2）染色前用 pH 7.0～7.2 缓冲液将吉姆萨染液原液按 19∶1 稀释。
（3）加稀释的吉姆萨染液约 1 ml 于厚血膜上，30 min（室温）后用缓冲液冲洗（冲洗前切勿先倾去染液，以免沉渣附着于血膜不易冲掉）。
（4）血片晾干后油镜下检查。

【实验结果】

先在低倍镜下观察，可见厚血膜内白细胞呈紫蓝色点状，微丝蚴呈线状，细小而弯曲，被染成紫蓝色，体内有颗粒。然后换油镜观察，微丝蚴前端钝圆，后端尖细，外被鞘膜。

【注意事项】

1．取血量不应太少，涂成血膜不宜太薄或太厚。
2．溶血前血膜须完全干透，以防脱落。溶血后，应缓慢地倾去液体，否则会连同血膜一起倾掉影响检查结果。

3．采血时间一般在晚上 10 时至次晨 2 时为宜。

4．血膜涂制后必须平放，以免血液凝集一侧，使血膜厚薄不均。

5．观察结果时须注意与棉花纤维等杂质区别。

【思考题】

丝虫微丝蚴厚血膜涂片吉姆萨染色法有哪些注意事项？

第二章 基础培养基的制备

微生物的人工培养是指人工方法提供微生物所需的营养物质及其生长繁殖所需的条件，使微生物在较短时间内大量增殖。通过人工培养，不仅可以观察微生物的生长繁殖规律，还可以获得大量的微生物个体及其相应的代谢产物，这对微生物的分离、鉴定、流行病学调查、科学研究及生物制品的制备均具有重要意义。

培养基（culture medium）是由人工方法配制而成的，专供微生物生长繁殖使用的混合营养物制品。培养基的种类很多，按营养组成和用途不同分为基础培养基、增菌培养基、选择培养基、鉴别培养基、厌氧培养基等。也可根据物理状态不同分为液体培养基、固体培养基和半固体培养基三大类。配制半固体或固体培养基时，需在配制好的液体培养基中加入不同剂量的凝固剂，目前最常用的凝固剂是琼脂。琼脂是从石花菜中提取的半乳糖胶，在培养基中不具营养意义，仅起固形剂的作用，其熔点为98℃，低于45℃则凝固成凝胶。本章主要介绍液体培养基、固体培养基和半固体培养基的制备。

一、液体培养基（肉汤培养基）

【实验材料】

1. 新鲜牛肉或牛肉浸膏、蛋白胨、蒸馏水。
2. 0.1 mol/L 的 NaOH 溶液、0.5% NaCl、0.1% K_2HPO_4。
3. 三角烧瓶、漏斗、量筒、天平、毛细吸管、pH 计等。

【配制方法】

1. 将新鲜牛肉去除脂肪和筋膜，切碎绞细后，每 500 g 加蒸馏水 1000 ml 混合，置 4℃ 冰箱浸泡过夜。
2. 将牛肉浸泡液煮沸 30 min，时不时地搅拌（不宜过分搅拌以免产生过多的细小微粒），避免肉渣粘到容器底。
3. 在漏斗中垫衬 8 层纱布、脱脂棉或绒布，将上述液体过滤，并尽量挤干净肉渣中的液体。
4. 在滤液中加入 1% 蛋白胨、0.5% NaCl、0.1% K_2HPO_4，补足水分至 1000 ml。
5. 待液体冷却到 40~50℃，用 0.1 mol/L 的 NaOH 溶液调节 pH 至 7.6。
6. 再次加热 10 min，滤纸过滤，补足失水，重新校正 pH。
7. 将肉汤分装于三角烧瓶或试管中，常规高压蒸汽灭菌后备用。

肉汤培养基也可用牛肉浸膏制备，具体配方如下：牛肉浸膏 3 g、蛋白胨 10 g、NaCl 5 g，加蒸馏水 1000 ml，搅拌或稍加热使其完全溶解，调节 pH，分装，常规高压蒸汽灭菌后备用。制备好的液体培养基呈淡黄色，透亮澄清，无杂质。

【主要用途】

液体培养基是其他类型培养基的基础，可用于增菌、观察细菌的生长现象和生化反应的检测等。

二、半固体培养基

【实验材料】

1. 肉汤培养基、琼脂。
2. 具塞试管、吸管、pH 计、烧瓶等。

【配制方法】

1. 在 pH 7.8 的肉汤 100 ml 中，加入琼脂 0.3～0.5 g，加热熔化。
2. 分装入 10 mm×100 mm 的试管中，每管加 3 ml。加塞后，常规高压蒸汽灭菌后，直立、冷却即成。

【主要用途】

常用于检查细菌的动力及生化反应的检测，短期保存细菌等。

三、固体培养基

【实验材料】

1. 肉汤培养基、琼脂。
2. 具塞试管、无菌平皿、吸管、烧瓶、pH 计等。

【配制方法】

1. 在 pH 7.8 的肉汤 100 ml 中，加入琼脂 2～3 g，加热熔化。
2. 分装于烧瓶或试管中（15 mm×150 mm 试管分装 5 ml，10 mm×100 mm 的试管分装 2 ml）。加塞后，常规高压蒸汽灭菌。
3. 制备固体斜面培养基：分装后趁热斜置试管，冷凝后即成斜面培养基。
4. 制备固体平板：趁热时，将烧瓶口迅速通过火焰 2～3 次灭菌，微启无菌平皿盖，迅速将肉汤琼脂倾注于平皿内（每个直径为 9 cm 的平皿注入 15 ml）。盖上皿盖后，在水平桌面上轻轻摇动，使肉汤琼脂均匀平铺皿底，冷却后即成琼脂平板。

【主要用途】

固体平板用于细菌的分离、纯化、鉴定、计数、药物敏感试验等，还可以观察细菌培养特性；固体斜面培养基可用于生化检测、短期保存菌种等。

四、注意事项

1. 琼脂偏酸性，故一般采用 pH 7.8 左右的肉汤培养基制备半固体或者固体培养基。
2. 在半固体和固体培养基制备中，琼脂的使用量根据产地和批号有所不同。
3. 在制备琼脂平板时，注意严格无菌操作。
4. 每批培养基制备好后应随机检测其有无污染。

五、思考题

1. 简述液体培养基、半固体培养基和固体培养基的用途。
2. 制备液体培养基时，是否可以灭菌处理后再分装于小试管中？

第三章 病原生物学常用实验

实验一 细菌形态与结构的观察

各种菌细胞在一定的环境条件下，都有其相对恒定的形态和结构。观察细菌的形态结构，有助于细菌的鉴定、感染性疾病的诊断和治疗。细菌按其基本形态，可分为球菌、杆菌、螺形菌三类。球菌按其繁殖时分裂平面不同和分裂后排列情况又分为双球菌、链球菌、葡萄球菌、四联球菌、八叠球菌等。杆菌多数呈直杆状，有球杆菌、链杆菌、分枝杆菌、棒状杆菌之分。螺形菌中菌体只有一个弯曲，呈逗点状者称弧菌；菌体有数个弯曲者称螺菌；菌体细长弯曲呈螺旋形，为螺杆菌。经革兰染色法染色后，可在显微镜下鉴别细菌的形态、大小、排列方式和染色性。

某些细菌除具有细胞壁、细胞膜、细胞质和核质这些基本结构外，还具有特殊结构，包括荚膜、芽孢、鞭毛和菌毛，前三种特殊结构通过各自的特殊染色法染色后，可用普通光学显微镜观察，而菌毛须用电子显微镜才能观察到。

【实验目的】

掌握细菌的基本形态和特殊结构。

【实验材料】

1. 普通光学显微镜、香柏油、二甲苯、擦镜纸等。
2. 葡萄球菌革兰染色标本片、大肠埃希菌革兰染色标本片、水弧菌革兰染色标本片、普通变形杆菌鞭毛染色标本片、破伤风梭菌芽孢染色标本片、肺炎链球菌荚膜染色标本片。

【实验方法】

1. 在油镜下观察细菌的形态，比较它们在颜色、大小、形态和排列方式上的差别（图2-3-1）。
2. 用油镜观察细菌的三种特殊结构，注意鞭毛的数量和位置；芽孢的大小、形态和位置；荚膜的厚度、颜色（图2-3-2）。

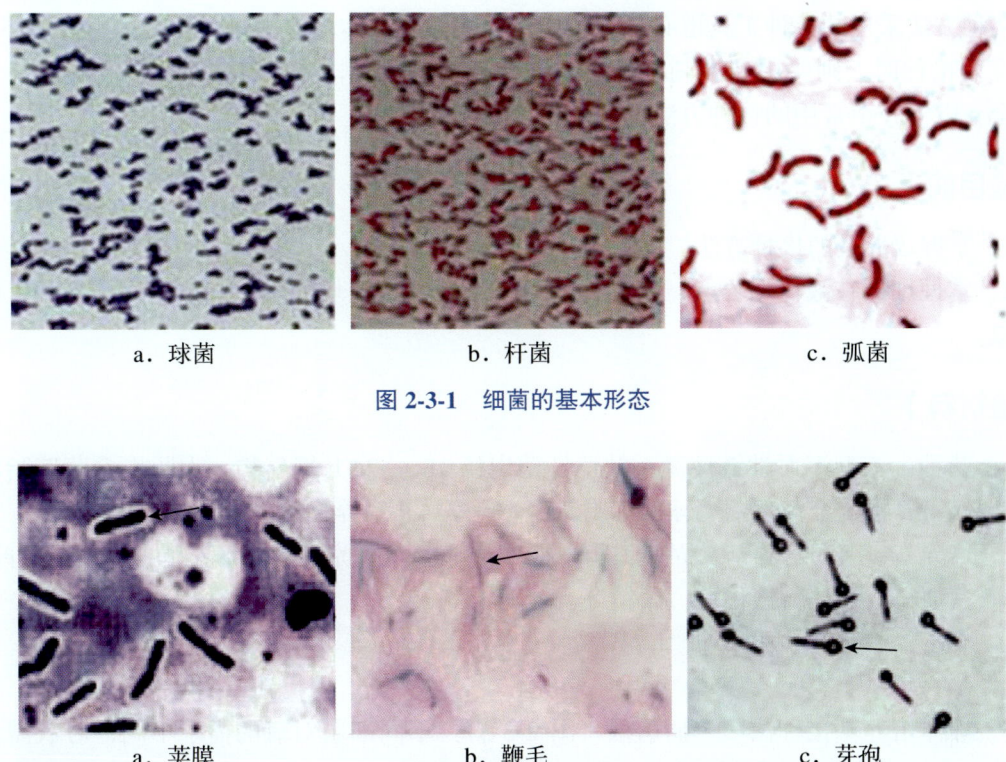

a. 球菌　　　　　　　b. 杆菌　　　　　　　c. 弧菌

图 2-3-1　细菌的基本形态

a. 荚膜　　　　　　　b. 鞭毛　　　　　　　c. 芽孢

图 2-3-2　细菌的特殊结构

【注意事项】

1. 观察细菌标本片时，应明确标本的染色方法，特殊结构均采用各自的特殊染色法，紫色并不表示革兰染色阳性，红色也不表示革兰染色阴性。

2. 细菌的形态受培养基成分和培养条件等因素影响，因此观察细菌的形态最好选择对数生长期。

【思考题】

1. 观察细菌的基本形态和特殊结构有什么临床意义？
2. 细菌的菌毛为什么在油镜下观察不到？

实验二　细菌的接种技术与人工培养

细菌的接种技术是进行细菌学研究及病原学诊断中最常用的一项基本操作技能。其目的在于从不同来源的标本中分离培养出纯种细菌，并对其进行生物学性状、致病性等方面的研究，以辅助临床诊断和治疗，或者开发、生产生物制品。

常用的细菌接种方法有平板划线法、斜面接种法、液体研磨法、半固体穿刺接种法等。

不同接种方法采用的接种工具也有区别,如接种固体和液体培养基时,通常采用接种环;半固体穿刺接种时,则要用到穿刺接种针。进行细菌接种时,应严格执行无菌操作,注意生物安全。以下介绍常用的接种方法。

【实验目的】

1. 掌握培养基的接种方法。
2. 掌握细菌在液体培养基、半固体培养基、固体平板培养基、固体斜面培养基上的生长现象。

【实验材料】

1. 菌种:乙型溶血性链球菌,枯草杆菌肉汤 18～24 h 培养物,大肠埃希菌琼脂斜面 18～24 h 培养物,金黄色葡萄球菌琼脂斜面 18～24 h 培养物。
2. 培养基:肉汤培养基、固体琼脂平板培养基、固体琼脂斜面培养基、半固体培养基。
3. 其他:接种环、接种针、酒精灯、培养箱等。

【实验方法】

1. 液体培养基接种法——研磨法(图 2-3-3):不同细菌对氧的需求不同,对氧需求大的细菌会向液面集中,而对氧需求小的细菌向液体底部集中,有氧或无氧均能很好生长的细菌分布于整个液体中。

(1) 左手持菌种管和肉汤培养基管底部,使两管口齐平并倾斜,菌种管在外侧,培养基管在内侧。右手持接种环,并以环指与小指、小指与手掌分别夹住菌种管和培养基管的管塞,拔出棉塞后,将两管口迅速通过火焰灭菌。

(2) 用已灭菌的接种环刮取单个菌落或菌苔,伸入肉汤培养基管,在接近液面的管壁处轻轻研磨,然后将试管直立,使细菌混合于液体中,加塞。将接种环烧灼灭菌,肉汤管置 37 ℃培养箱培养 18～24 h,观察结果。

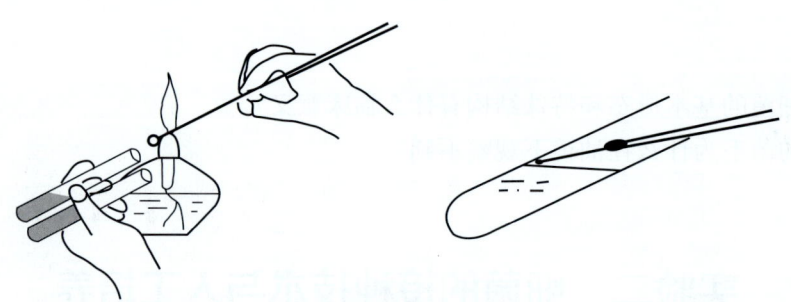

图 2-3-3 液体培养基接种法

2. 半固体培养基接种法——穿刺接种法(图 2-3-4):半固体培养基的质地正好有利于细菌鞭毛的运动,而无鞭毛的细菌只能在接种处生长繁殖。如前所述实验方法,握持菌种管和培养基管,拔开管塞,接种针灭菌冷却后,分别挑取大肠埃希菌和金黄色葡萄球菌的菌落或菌苔,垂直刺入半固体培养基的中心,在到达近管底处后(约在培养基的 2/3 处),循原路退回，加塞。烧灼灭菌接种针，将培养基管置 37 ℃培养箱培养 18～24 h，观察结果。

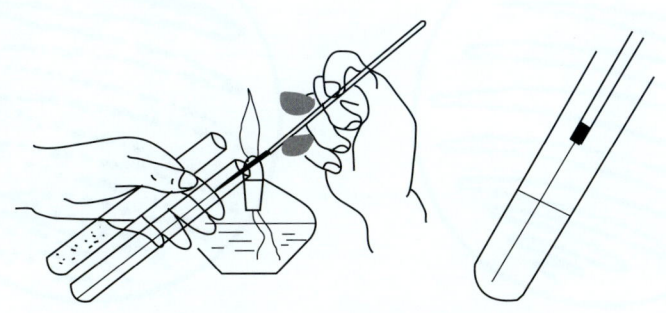

图 2-3-4　半固体培养基的穿刺接种法

3．固体平板培养基接种法——分区划线接种法：通过在平板表面划线接种，可以将混杂的细菌分离。经培养后，可获得单个菌落，即得到纯种细菌。平板划线接种的方式有很多，分区划线法（图 2-3-5）最为常用，对于菌量少的混合菌液或标本，可采用连续划线接种法（图 2-3-6）；肠道杆菌的分离鉴定常用分格划线法（图 2-3-7）。

（1）右手以执毛笔的方式持接种环，烧灼灭菌，冷却后，取葡萄球菌和大肠埃希菌混合菌液一环。

（2）左手持平板（平皿盖留在桌上），靠近火焰并直立，以免空气中的杂菌落入平板。将取有菌液的接种环前缘轻轻接触平板表面，使接种环与平板表面呈 30°～40°，以腕力轻轻地平行移动接种环，从平板表面一端开始做连续平行划线（约占平板面积的 1/10），为第 1 区。要求划线密而不重叠，且不能划破琼脂表面。

（3）烧灼接种环，待冷却后接触第 1 区内的划线部分，划出第 2 区。以同样实验方法划出第 3 区、第 4 区。注意每区之间只接触 1～2 条线，其余部分不要重叠。

（4）接种完毕，盖上平皿盖，在平皿底贴好标签，将平皿盖朝下倒置，置 37℃培养箱培养 18～24 h，观察结果。

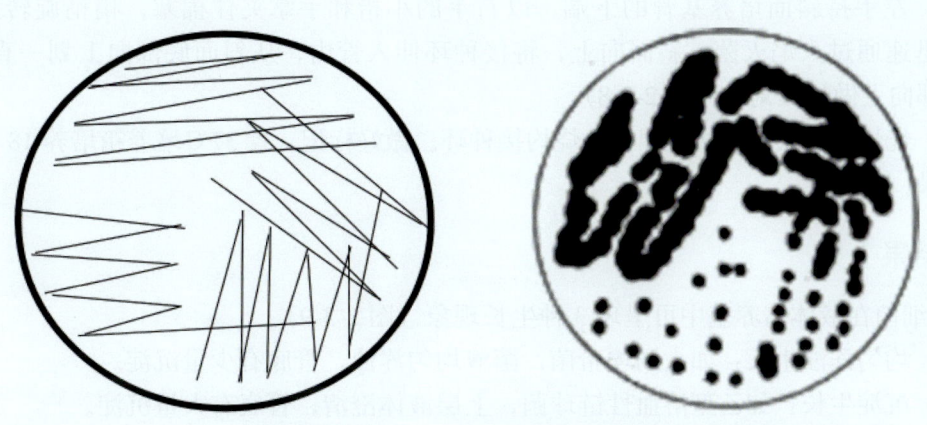

图 2-3-5　平板分区划线法（左）及菌落分布示意图（右）

图 2-3-6　平板连续划线法（左）及菌落分布示意图（右）

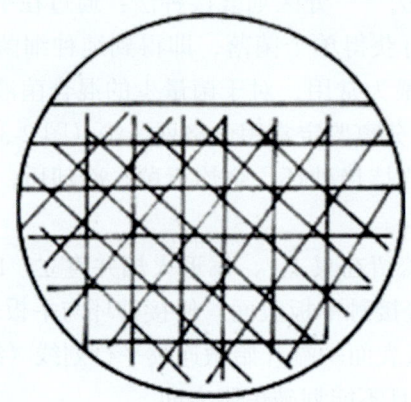

图 2-3-7　平板分格划线法或棋盘划线法

4. 固体斜面培养基接种法——蜿蜒划线法（图 2-3-8）：将纯种细菌接种于斜面上，扩增细菌，可用于菌种的短期保存和观察细菌的生化反应。

(1) 右手持接种环，烧灼灭菌，冷却后，挑取平板上的单个菌落。

(2) 左手持斜面培养基管的下端，以右手的小指和手掌夹住棉塞，稍稍旋转后拔出，将管口迅速通过火焰灭菌。斜面向上，将接种环伸入管内，从斜面底部向上划一直线，然后从底部向上做蜿蜒划线（图 2-3-8）。

(3) 烧灼管口灭菌，塞好棉塞，烧灼接种环。做好标记，置 37℃ 培养箱培养 18～24 h，观察结果。

【实验结果】

1. 细菌在液体培养基中可呈现 3 种生长现象（图 2-3-9）

(1) 均匀浑浊生长：如大肠埃希菌，菌液均匀浑浊，管底有少量沉淀。

(2) 沉淀生长：如乙型溶血性链球菌，上层液体澄清，管底有大量沉淀。

(3) 表面生长：如枯草杆菌，在液体表面形成菌膜。

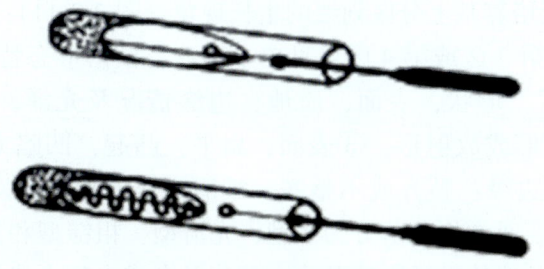

图 2-3-8　斜面培养基接种法

a. 沉淀生长　　　　b. 均匀浑浊生长　　　　c. 表面生长

图 2-3-9　细菌在液体培养基中的 3 种生长现象

2. 细菌在半固体培养基中有 2 种生长现象（图 2-3-10）

（1）沿穿刺线生长：金黄色葡萄球菌沿穿刺线生长，穿刺线增粗，周围培养基仍然透明澄清，显示细菌无动力。

（2）扩散生长：大肠埃希菌由穿刺线向四周扩散，呈羽毛状或云雾状生长，穿刺线模糊不清，培养基浑浊，显示细菌有动力。

a. 沿穿刺线生长　　　　b. 扩散生长

图 2-3-10　细菌在半固体培养基中的 2 种生长现象

3．细菌在固体平板培养基上分区划线的生长现象（图2-3-11）：从第1区到第4区，细菌量逐渐减少，一般在第3区或第4区可见单个菌落。菌落形态特征：观察菌落形态特征包括观察其大小、厚度、形状、表面、质地、边缘情况及光泽。①菌落的大小和薄厚。②形状：圆形、不规则形或放射形。③表面：扁平、凸起、凹陷或起伏。④质地：湿润、干燥、黏稠及软硬。⑤边缘：整齐或不整齐、皱褶、锯齿状、卷发状或羽毛状。⑥光泽：透明、半透明或露滴状。通常将菌落分为3型：光滑型、粗糙型和黏液型。需要注意的是，细菌生长受到理化因素及遗传变异影响可改变菌落形态或出现不典型菌落。菌落色素特征：细菌产生的色素有水溶性色素和脂溶性色素之分。肉眼观察可见，水溶性色素使培养基染上颜色，脂溶性色素只造成菌落本身出现颜色，培养基还是原来的颜色。菌落溶血特征：当用新鲜的血平板培养某些细菌时，会看到菌落周围出现溶血现象。不同细菌溶血现象不尽相同，可将其分为透明溶血（完全溶血）、半透明溶血（不完全溶血）和不溶血3种。

4．细菌在固体斜面培养基上的生长现象：细菌在固体斜面培养基表面长出菌苔（图2-3-12）。

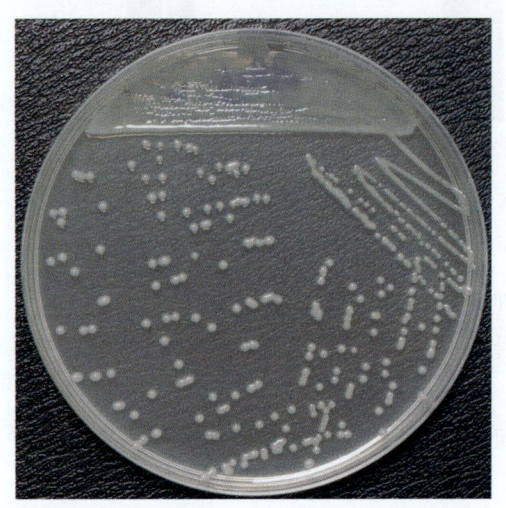

图 2-3-11　细菌在固体平板培养基上的生长现象

图 2-3-12　菌苔

【注意事项】

1．操作过程中严格执行无菌操作。

2．平板分区划线时要求划线密而不重叠，不能划破琼脂表面，接种过程中平板尽量直立并靠近火焰。

3．接种完成后要做好标记。

【思考题】

1．细菌在液体培养基中出现3种生长现象的原因是什么？

2．细菌在半固体培养基中出现2种生长现象的原因是什么？

附：菌落计数板的使用

在卫生检验工作中常常要用到菌落计数板，对食品、水和空气进行细菌总数的测定。现以水中细菌总数测定为例，介绍菌落计数板的使用。

【实验材料】

1. 营养琼脂培养基管（每支 9 ml）。
2. 河水、池水、井水或自来水。
3. 无菌生理盐水、无菌试管、无菌吸量管和灭菌平皿。
4. 菌落计数板。

【实验方法】

1. 取无菌空平皿 6 个，每 2 个平皿标一种号，分别标记上 1 号、2 号、3 号。
2. 用吸量管吸取 1 ml 自来水或井水放于 1 号平皿中。
3. 将河水或池水用无菌生理盐水做 10 倍稀释至 10^{-2}，分别吸取原浓度、10^{-1}、10^{-2} 浓度的水各 1 ml 加入 2 号、3 号平皿中。
4. 取 6 支熔化且冷却至 45℃ 的营养琼脂管，分别将培养基倾注于上述 6 个培养皿中，并与水样品混匀，置 37℃ 培养 24 h 后，进行菌落计数。
5. 菌落计数：菌落计数有两种实验方法，菌落数量少可用肉眼直接数出菌落数，分别乘以稀释倍数，取其两个平板平均值即可；菌落数量多者，则要借助于菌落计数板。菌落计数板是一块刻有 144 个面积为 1 cm^2 的正方形小格的玻璃板。计数时将长有菌落的平板平放于其上，计算 10 个小格内的菌落数，如有 30 个菌落，则平均每个小格 3 个。培养皿的面积是 πr^2，若平皿半径为 4.5 cm，则整个培养皿菌落总数应是：3.1416×（4.5）^{2}×3=191 个菌落数，然后分别乘以稀释倍数，再取两个平板平均值即可。

实验三　细菌的分布、理化因素对细菌的影响

细菌的生长繁殖受很多因素（物理、化学、生物）的影响。物理因素包括温度、湿度、声波、过滤、辐射等。高温对细菌有显著的致死作用，目前在很多消毒灭菌的方法中，高压蒸汽灭菌法及干热灭菌法使用较为简便，灭菌效果可靠，在微生物学实验及医院中经常使用。化学因素能影响细菌的化学组成、物理结构和生理活动等，也能发挥防腐、消毒及灭菌的作用。常用的热力消毒灭菌器械有煮沸消毒器、干热灭菌器（干烤箱）、高压蒸汽灭菌器等。

一、空气中细菌的检查

空气由于干燥、缺乏营养物质、受日光照射等原因，不具备细菌等微生物生长所需的必要条件，分布的微生物数量较少，检测空气中细菌的分布情况通常采用自然沉降法。

【实验目的】

了解空气中细菌检测实验的方法和意义，提高无菌操作意识。

【实验材料】

普通琼脂平板、培养箱。

【实验方法】

取琼脂平板1个，选择室内任何地点，将皿盖打开，无菌培养基暴露于空气中20 min，然后盖好皿盖，注明地点、班组，置37℃培养箱内培养18～24 h后观察结果。计数琼脂平板上生长的菌落数。同时，按下列公式计算每立方米菌落数（CFU/m³），然后根据卫生标准进行判定，手术室、婴儿室等空气不得检出溶血性链球菌。

$$每立方米（m^3）空气中细菌数 = \frac{50\,000\,N}{A \times t}$$

A：所用平皿面积（cm²）
t：平皿暴露于空气中的时间（min）
N：培养后，平皿上生长菌落数

【实验结果】

暴露在空气中的普通琼脂平板上有种类各异的菌落生长。仔细比较平板上菌落的数量、大小、种类、形态、颜色等方面的差异并分析原因（图2-3-13）。

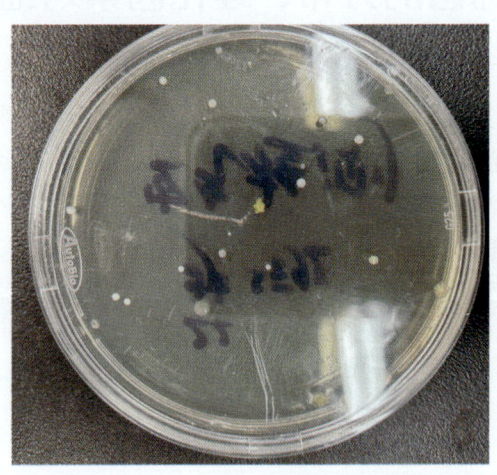

图2-3-13　空气中细菌的检查

【注意事项】

1．实验过程中减少人员走动和讲话，严格无菌操作。
2．接种标本后的培养基应做好标记。

二、手指皮肤、咽喉部细菌检查

人体皮肤表面温度适中，稍偏酸性，汗液中的无机离子和其他有机物是微生物生长的合适微生境，因此皮肤表面定植着大量的细菌。皮肤表面分布的这些正常菌群不仅能防御外来病原菌的入侵，还能协助皮肤发挥营养、免疫及自净等生理功能。

【实验目的】

了解细菌在正常人体体表上的分布情况，了解皮肤消毒实验的方法和意义，提高无菌操作意识。

【实验材料】

1．2%碘酊、0.1%苯扎溴铵、无菌棉签、生理盐水。
2．血琼脂平板、培养箱。

【实验方法】

1．取两只血琼脂平板，将琼脂平板底面用记号笔划分为两半，分别注明"消毒前"与"消毒后"。
2．将任一手指在注明"消毒前"的培养基表面，轻轻地来回涂抹；然后将此手指用碘酊消毒皮肤，待干后，再在注明"消毒后"的培养基上轻轻涂抹。另一手指同法用苯扎溴铵做皮肤消毒，涂抹另一平板。
3．将平板置37℃温箱中培养18～24 h，观察结果。
4．取无菌棉签一支放入无菌生理盐水中浸泡并在管壁上挤干水，在被检者咽喉部轻轻擦试后，涂于血平板一侧，然后用接种环分区划线，标记，加盖后放37℃温箱培养18～24 h后观察生长情况。

【实验结果】

消毒前手指涂抹的培养基表面有多种大小、形态不同的菌落生长，有的还能产生色素和溶血环；消毒后手指涂布的培养基上没有或只有极少量细菌生长（图2-3-14）。

拭子法自咽喉部采样接种并培养后，血琼脂平板表面有不同大小、形态的菌落生长，有的菌落周围还可见草绿色半透明或无色全透明的溶血环。

【注意事项】

1. 实验过程中严格无菌操作，不要划破培养基。
2. 接种标本后的培养基应做好标记。

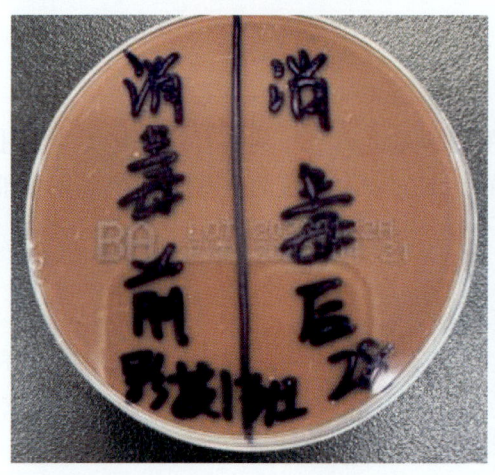 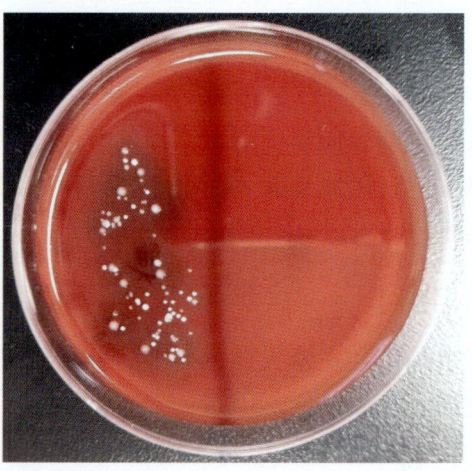

图 2-3-14　手指皮肤细菌检查结果

三、紫外线的杀菌作用

波长为 240～280 nm 的紫外线具有杀菌作用，其中以 265～266 nm 的紫外线杀菌力最强，这与细菌 DNA 的吸收光谱范围一致。被细菌吸收的紫外线可使同一条 DNA 链上相邻的胸腺嘧啶通过共价键形成二聚体，破坏了 DNA 的分子构型，导致细菌的死亡或变异。但紫外线的穿透力弱，只能用于空气和物体表面的消毒或灭菌。

【实验目的】

掌握紫外线的杀菌原理、杀菌特点及其应用范围。

【实验材料】

1. 大肠埃希菌肉汤 18～24 h 培养物，葡萄球菌肉汤 24～48 h 培养物。
2. 普通琼脂平板。
3. 无菌五角星形纸片、无菌棉签、镊子、超净工作台。

【实验方法】

1. 用无菌棉签分别蘸取大肠埃希菌和葡萄球菌菌液，密密地涂布于 2 个琼脂平板表面。
2. 将镊子在火焰上灭菌后，各夹取一张无菌五角星形纸片，分别放置在每个琼脂平板的中央。

3. 打开两个平皿的皿盖，置于紫外线灯下约 1 m 处，照射 30 min 后，用灭菌的镊子夹去纸片。

4. 盖好皿盖，置 37℃培养 18～24 h 后，观察结果。

【实验结果】

如图 2-3-15 所示，纸片遮盖的五角星部位，细菌长成菌苔；紫外线直接照射的部位，无细菌生长或仅有少量细菌生长。

【注意事项】

杀菌波长的紫外线对人体皮肤和角膜有损伤作用，实验中应注意避免眼睛和皮肤直接暴露于紫外线下，做好自我防护。

图 2-3-15　紫外线杀菌实验结果

四、化学消毒剂的抑菌作用

化学消毒剂的杀菌抑菌机制：①使菌体蛋白质变性或凝固；②干扰细菌细胞内的酶系统；③改变细胞膜的通透性。常用的化学消毒剂种类繁多，其性质和用途也各不相同，它们的作用受诸多因素的影响，如性质、温度、时间、浓度、有机物的存在等。

【实验目的】

熟悉常用化学消毒剂的杀菌或抑菌原理，了解常用化学消毒剂的杀菌抑菌浓度和适用范围。

【实验材料】

1. 葡萄球菌、大肠埃希菌 18～24 h 肉汤培养物。

2. 普通琼脂平板。
3. 5%苯酚（石炭酸）、2.5%碘酊、2%甲紫（龙胆紫）、75%乙醇、0.5%过氧乙酸。
4. 直径6 mm的无菌滤纸片、镊子、无菌棉签、试管。

【实验方法】

1. 用无菌棉签分别蘸取葡萄球菌和大肠埃希菌菌液，密密涂布于2个琼脂平板表面。
2. 用镊子夹取两张无菌滤纸片，分别浸入上述常用消毒剂内。取出时，让纸片在装消毒剂的试管壁上接触，以除去多余的药液。然后将纸片分别贴在涂有细菌的琼脂平板表面，各纸片间的距离要大致相等（图2-3-16）。
3. 做好标记，置37℃培养24 h后，观察纸片周围的抑菌圈，并比较它们的大小。

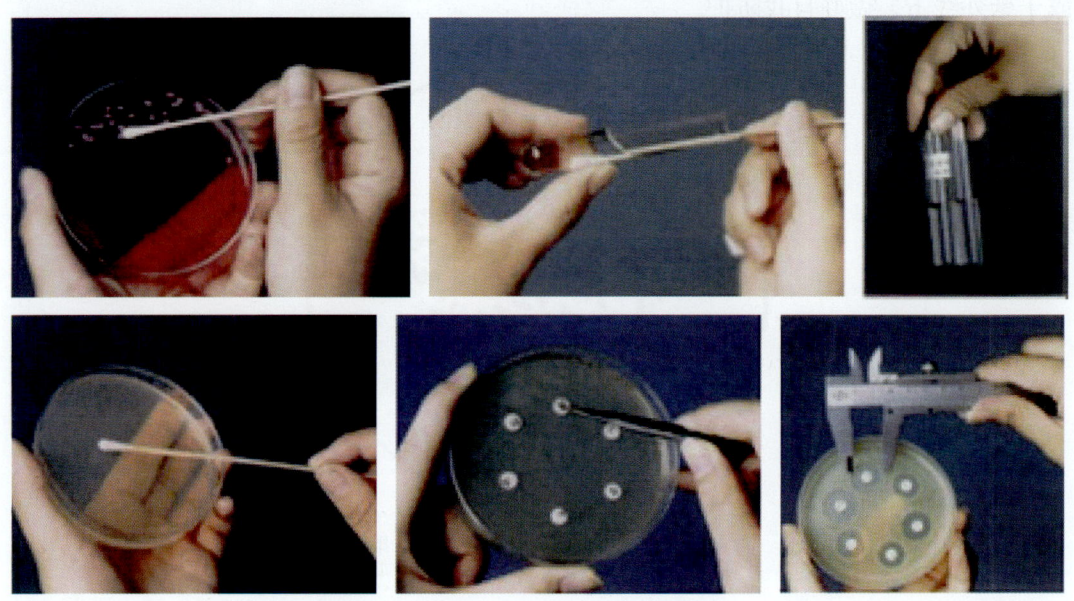

图2-3-16 化学消毒剂抑菌实验

【实验结果】

纸片周围出现的透明圈即为抑菌圈，抑菌圈直径的大小与消毒剂的杀菌力在一定范围内成正相关。

【注意事项】

1. 纸片浸泡化学消毒剂要充分，使药物在纸片上均匀分布。
2. 镊子夹取纸片动作要轻柔，避免消毒剂在纸片上的不均匀分布。
3. 贴纸片时应使整个纸片平贴于琼脂板，注意保持纸片间以及纸片与平板边缘的距离。

【思考题】

1. 化学消毒剂是否浓度越高，杀菌抑菌效果越好？

2．如何证明抑菌圈内的细菌是被抑制，还是杀灭？

五、抗菌药物敏感性试验

临床上用于治疗细菌感染的抗菌药物，可以通过影响细菌细胞壁的合成、破坏细胞膜的功能、影响细菌细胞蛋白质的合成及影响核酸合成等多种机制发挥作用。不同致病菌对不同抗菌药物的敏感性不同。测定细菌对抗菌药物的敏感性的意义在于：可预测抗菌治疗的效果，指导抗菌药物的临床应用，发现或提示细菌耐药机制的存在以及检测细菌耐药性等。

抗菌试验有多种方法，本节重点介绍琼脂扩散法药物敏感试验。琼脂扩散法是定性测定抗菌药物体外抑制细菌生长的方法。该法利用药物在琼脂培养基内扩散，在药物有效浓度范围内形成抑菌圈或抑菌距离，以抑菌圈直径或抑菌距离的大小来评价药物抗菌作用的强弱。最常用的琼脂扩散法是纸片扩散法。该法是将含有定量抗菌药物的纸片贴在已接种试验菌的琼脂平板上，纸片中所含的药物吸取琼脂中的水分溶解后，不断地向纸片周围扩散形成递减的浓度梯度，在纸片周围形成透明的抑菌圈，抑菌圈的大小可反映出试验菌对药物的敏感程度。

【实验目的】

掌握纸片扩散法药敏试验的原理和方法。

【实验材料】

1．金黄色葡萄球菌、大肠埃希菌 16～18 h 肉汤培养液。

2．琼脂平板、肉汤培养基。

3．各种药物纸片（青霉素每片 10 μg、链霉素每片 10 μg、庆大霉素每片 10 μg、氯霉素每片 10 μg、磺胺每片 300 μg）、镊子、无菌棉签、试管、毛细吸管。

【实验方法】

1．用无菌棉签分别蘸取金黄色葡萄球菌、大肠埃希菌液，均匀地涂布于两个琼脂平板表面。

2．用无菌镊子夹取各种药物纸片，分别贴在两个平板上，纸片之间的距离要大致相等，一般每个平板最多贴 5 张纸片为宜。

3．将平板置 37℃孵育 24 h 后取出，观察药物纸片周围的抑菌圈，并测量其直径。

【实验结果】

药物纸片周围出现大小不等的抑菌圈，在一定范围内，抑菌圈的直径和细菌对抗生素的敏感性成正相关。

【注意事项】

购买的抗生素纸片因生产厂家不同，纸片含药量也可能不同。因此，在判断结果时应注意参照各产品说明书。

【思考题】

纸片法进行药物敏感试验是否可以定量？怎样定量？

六、噬菌体的噬菌作用

噬菌体是一类专性细胞内寄生的非细胞型微生物，具有严格的宿主特异性，并且对相应的易感细菌具有高度的种特异性和型特异性。噬菌体感染细菌后，可以裂解宿主细菌或使其处于溶原状态。因此，可应用噬菌体做细菌的鉴定、分型及分子生物学研究的重要工具。

【实验目的】

观察噬菌体的溶菌现象，了解噬斑形成单位的测定方法和意义。

【实验材料】

1．大肠埃希菌、金黄色葡萄球菌、铜绿假单胞菌 18～24 h 肉汤培养物。
2．肉汤培养基、琼脂平板。
3．金黄色葡萄球菌噬菌体、痢疾志贺菌噬菌体、铜绿假单胞菌噬菌体、无菌棉签。

【实验方法】

1．噬菌体的溶菌现象
（1）取 4 支肉汤管，2 支接种大肠埃希菌，2 支接种金黄色葡萄球菌。
（2）取上述两种细菌的肉汤管各 1 支，分别加入金黄色葡萄球菌噬菌体和痢疾志贺菌噬菌体肉汤液 0.2 ml。
（3）将 4 支肉汤管置 37℃培养 6～12 h 后，观察结果。
2．噬菌体的噬菌斑现象
（1）取琼脂平板 1 个，分为 4 等分，注明①、②、③、④。
（2）用无菌棉签在①、②处涂布铜绿假单胞菌，在③、④处涂布大肠埃希菌。
（3）在②、④处各点种一环铜绿假单胞菌噬菌体肉汤液（勿划开），在①、③处各加一环肉汤。
（4）置 37℃孵箱培养 18 h 后，观察结果。

【实验结果】

1．溶菌现象：加有相应噬菌体的金黄色葡萄球菌肉汤管清亮，其余各管均浑浊。

2．噬斑现象：在点种对应噬菌体②处，形成一无菌生长的空斑，即噬斑（plaque）（图2-3-17）。其余部位无此现象。

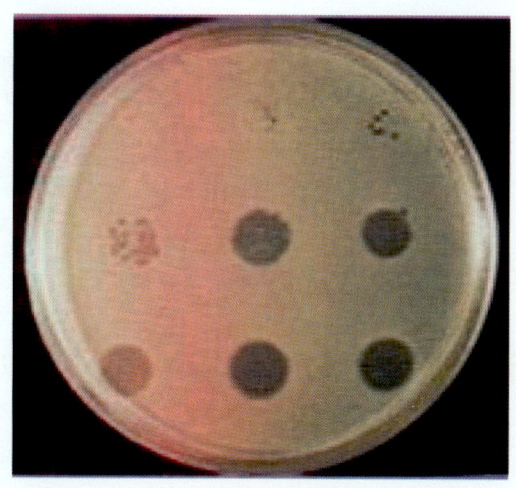

图 2-3-17　噬斑

实验四　细菌常用生化鉴定试验

细菌在生长繁殖的过程中要进行新陈代谢。细菌的新陈代谢受一系列酶的控制，不同细菌具有不同的酶系统，因而在代谢过程中产生的代谢产物也有所不同，根据这一生物学特性，可利用生化反应的方法通过鉴别代谢产物而鉴别细菌，此即细菌的生化反应鉴定法。该法可用于细菌尤其是形态、革兰染色和培养特性相同或者相似的肠道杆菌的鉴定。

一、单糖发酵实验

各种细菌含有的酶不同，分解糖的能力及代谢产物亦不同，有的分解某些糖产酸产气，有的只产酸不产气，有的甚至不分解糖，以此来鉴别细菌。

【实验目的】

掌握糖发酵试验的原理、结果判定及意义。

【实验材料】

1．大肠埃希菌、伤寒沙门菌 18～24 h 斜面培养物。
2．葡萄糖、乳糖发酵管（单糖发酵管的组成：pH 7.6 蛋白胨水、1.6% 溴甲酚紫指示剂、1% 葡萄糖或乳糖、倒置的小管）。

3．接种环、酒精灯、培养箱等。

4．常用指示剂见表 2-3-1。

表 2-3-1　常用指示剂变色范围

指示剂名称	颜色	变色范围 pH
溴麝香草酚蓝	黄~蓝	6.0 ~ 7.8
溴酚蓝	黄~蓝	3.0 ~ 4.6
甲基红	红~黄	4.4 ~ 6.0
溴甲酚紫	黄~紫	5.2 ~ 6.8
中性红	红~黄	6.8 ~ 8.0
酚红	黄~红	6.8 ~ 8.4
中国蓝	蓝~红	6.0 ~ 8.0
石蕊	红~蓝	4.5 ~ 8.3
蔷薇色酸	黄~红	6.8 ~ 8.2

【实验方法】

1．将大肠埃希菌、伤寒沙门菌分别接种到 1 支葡萄糖和 1 支乳糖发酵管中。

2．置 37℃孵箱培养 24 h 后，观察实验结果。

【实验结果】

1．判断标准

"－"发酵管中液体浑浊，仍为紫色，表明细菌不分解该糖。

"＋"发酵管中液体浑浊，变为黄色，表明细菌分解该糖产酸。

"⊕"发酵管中液体变黄，且倒置小管中有气泡，表明细菌分解该糖产酸产气（图 2-3-18）。

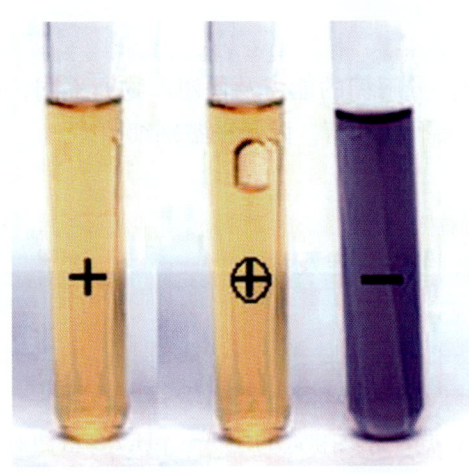

图 2-3-18　单糖发酵实验结果

2．本实验的结果见表 2-3-2。

表 2-3-2　大肠埃希菌和伤寒沙门菌糖发酵实验的结果

	葡萄糖	乳糖
大肠埃希菌	⊕	⊕
伤寒沙门菌	+	−

【注意事项】

1．放置倒置的小管时，勿让气体进入小管中，以免影响实验结果观察。
2．各类糖发酵管中只能加入一种糖。

【思考题】

在糖发酵实验中为什么要用蛋白胨水培养基，而不用一般的肉汤培养基？

二、V-P 试验

某些细菌分解葡萄糖产生丙酮酸，丙酮酸经脱羧，生成乙酰甲基甲醇，可在碱性环境中被氧化为二乙酰，再与培养基中的胍基结合，生成红色化合物。

【实验目的】

掌握 V-P 试验的原理、结果判定及意义。

【实验材料】

1．V-P 试剂（甲液为 40% KOH 水溶液内含 0.3% 肌酸，乙液为 6% 的 α-奈酚溶液乙醇溶液）、葡萄糖蛋白胨水培养基管。
2．大肠埃希菌、产气荚膜梭菌 18～24 h 斜面培养物。
3．接种环、酒精灯、培养箱等。

【实验方法】

1．分别将大肠埃希菌和产气荚膜梭菌接种在 2 支葡萄糖蛋白胨水培养基管中。
2．置 37℃孵箱培养 48 h 后，分别加入 1 ml 甲液和 1 ml 乙液，摇匀，置室温 5～15 min 后观察实验结果。

【实验结果】

大肠埃希菌管无红色产物，为阴性反应（−）；产气荚膜梭菌管呈红色，为阳性反应（+）（图 2-3-19）。

图 2-3-19　V-P 实验结果

三、甲基红试验

某些细菌分解葡萄糖产生丙酮酸，继而被分解为甲酸、乙酸、乳酸等，使培养基的 pH 下降至 4.5 以下，加入甲基红指示剂呈红色，为阳性反应（+）；一些细菌产生的酸进一步转化为醇、酮、醛、气体和水等，则培养基的 pH 在 6.0 以上，加入甲基红指示剂呈黄色，为阴性反应（−）。

【实验目的】

掌握甲基红试验的原理、结果判定及意义。

【实验材料】

1．甲基红试剂、葡萄糖蛋白胨水培养基管。

2．大肠埃希菌、产气荚膜梭菌 18～24 h 斜面培养物。

3．接种环、酒精灯、培养箱等。

【实验方法】

1．将大肠埃希菌、产气荚膜梭菌分别接种在 2 支葡萄糖蛋白胨水培养基管中。

2．置 37℃孵箱培养 24～48 h 后取出，分别滴加 2～3 滴甲基红指示剂，混匀后观察实验结果。

【实验结果】

大肠埃希菌管无红色产物，为阴性反应（−）；产气荚膜梭菌管呈红色，为阳性反应（+）（图 2-3-20）。

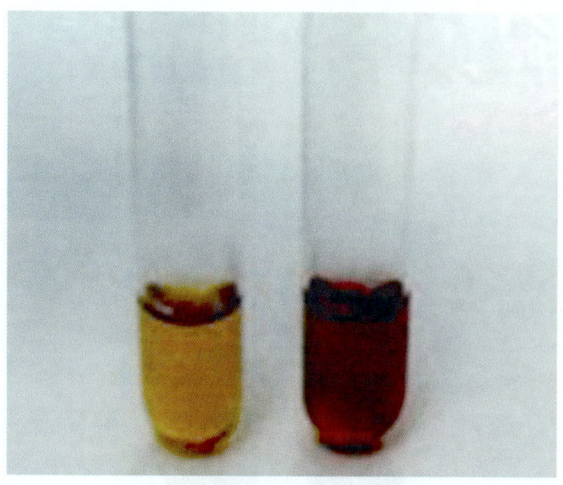

图 2-3-20　甲基红试验结果

四、枸橼酸盐利用试验

某些细菌能利用枸橼酸盐作为唯一碳源，将其分解后产生碳酸盐，并分解枸橼酸培养基中的铵盐生成氨，使培养基 pH 上升到 7.0 以上，指示剂溴麝香草酚蓝（BTB）由绿色变为深蓝色，为枸橼酸盐利用试验阳性；反之，若细菌不能利用枸橼酸盐，则在枸橼酸培养基上不能生长，培养基也不发生颜色的改变。

【实验目的】

掌握枸橼酸盐利用试验的原理、结果判定及意义。

【实验材料】

1．大肠埃希菌、产气荚膜梭菌 18～24 h 斜面培养物。
2．枸橼酸盐斜面培养基。
3．接种环、酒精灯、培养箱等。

【实验方法】

1．将大肠埃希菌、产气荚膜梭菌分别接种在 2 支枸橼酸盐斜面培养基管中。
2．置 37℃孵箱培养 24 h 后观察实验结果。

【实验结果】

产气荚膜梭菌管反应阳性（+）；大肠埃希菌管反应阴性（-）（图 2-3-21）。

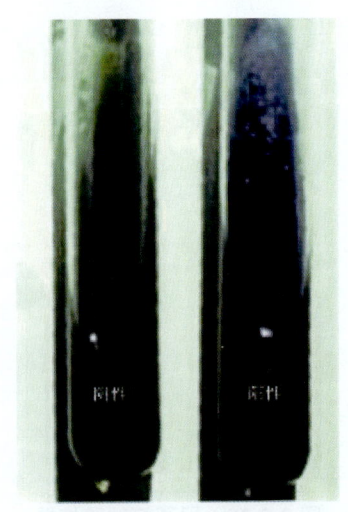

图 2-3-21 枸橼酸盐利用试验结果

五、吲哚试验

某些细菌具有色氨酸酶，能分解培养基中的色氨酸，产生无色的吲哚。当加入吲哚试剂（对二甲基氨基苯甲醛）后，可形成红色化合物——玫瑰吲哚。

【实验目的】

掌握吲哚试验的原理、结果判定及意义。

【实验材料】

1．大肠埃希菌、产气荚膜梭菌 18～24 h 斜面培养物。
2．吲哚试剂（对二甲基氨基苯甲醛）。
3．蛋白胨水培养基、接种环、酒精灯、培养箱等。

【实验方法】

1．将大肠埃希菌、产气荚膜梭菌分别接种在 2 支蛋白胨水培养基管中。
2．置 37℃孵箱培养 48 h 后，每管加入 2～3 滴吲哚试剂，振荡后观察实验结果。

【实验结果】

大肠埃希菌管中生成玫瑰红色产物，为反应阳性（+）；产气荚膜梭菌管无玫瑰吲哚生成，为反应阴性（−）（图 2-3-22）。

以上吲哚（I）、甲基红（M）、V-P（V）和枸橼酸盐（C）4 项实验，常同时用于鉴别大肠埃希菌和产气荚膜梭菌，简称为 IMViC 试验（表 2-3-3）。

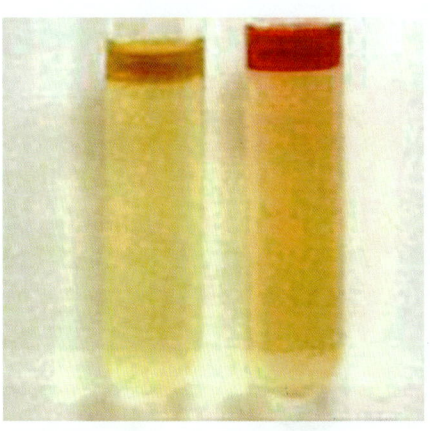

图 2-3-22 吲哚试验结果

表 2-3-3 IMViC 试验结果

	吲哚试验	甲基红试验	V-P 试验	枸橼酸盐利用试验
大肠埃希菌	+	+	−	−
产气荚膜梭菌	−	−	+	+

六、硫化氢试验

某些细菌能分解含硫氨基酸（如胱氨酸、半胱氨酸）产生硫化氢，硫化氢与培养基中的铅离子或亚铁离子结合，生成黑色的硫化铅或硫化亚铁沉淀。

【实验目的】

掌握硫化氢试验的原理、结果判定及意义。

【实验材料】

1. 大肠埃希菌、普通变形杆菌 18～24 h 斜面培养物。
2. 醋酸铅半固体培养基。
3. 接种环、酒精灯、培养箱等。

【实验方法】

1. 分别将大肠埃希菌、普通变形杆菌穿刺接种于 2 支醋酸铅半固体培养基中。
2. 置 37℃孵箱培养 24 h 后，观察实验结果。

【实验结果】

普通变形杆菌管中有黑色沉淀生成，为反应阳性（+）；大肠埃希菌管中无黑色沉淀生成，为反应阴性（−）（图 2-3-23）。

图 2-3-23　硫化氢试验结果

七、尿素分解试验

某些细菌具有尿素分解酶，能分解尿素产氨，氨溶解于水，生成氢氧化铵，培养基变碱，使酚红指示剂呈红色。

【实验目的】

掌握尿素分解试验的原理、结果判定及意义。

【实验材料】

1．大肠埃希菌、普通变形杆菌 18～24 h 斜面培养物。
2．尿素培养基。
3．接种环，酒精灯，培养箱等。

【实验方法】

1．分别将大肠埃希菌、普通变形杆菌接种于 2 支尿素培养基中。
2．置 37℃孵箱培养 18～24 h 后，观察实验结果。

【实验结果】

普通变形杆菌管培养基变为红色，为反应阳性（+）；大肠埃希菌管未变色，为反应阴性（-）（图 2-3-24）。

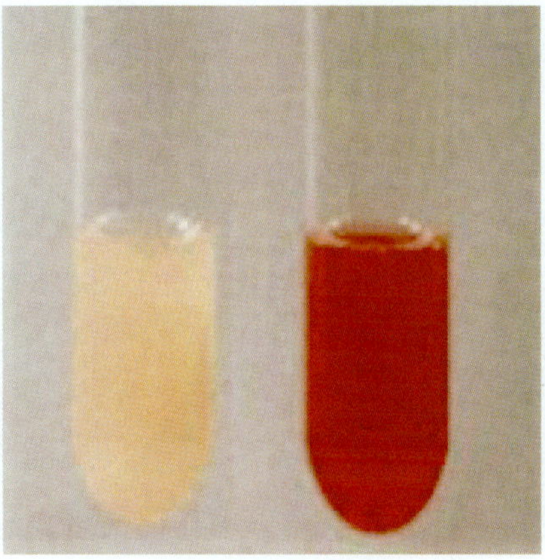

图 2-3-24 尿素分解试验结果

八、细菌色素观察

细菌在营养丰富的培养基中，处于室温和有氧条件下，易产生色素。细菌的色素有两种：仅菌落着色者，为脂溶性色素；菌落及其周围的培养基均着色者，为水溶性色素。

【实验目的】

掌握细菌色素在鉴定中的意义，熟悉常见细菌的色素。

【实验材料】

1. 金黄色葡萄球菌、表皮葡萄球菌和腐生葡萄球菌 18～24 h 斜面培养物。
2. 铜绿假单胞菌 18～24 h 斜面培养物。
3. 平板培养基、接种环、酒精灯、培养箱等。

【实验方法】

1. 将金黄色葡萄球菌、表皮葡萄球菌和腐生葡萄球菌分区接种在一个平板培养基上，将铜绿假单胞菌接种在另一个平板培养基上。
2. 置 37℃孵箱培养 24～48 h，取出后在室温下放置 2～3 天，观察实验结果。

【实验结果】

葡萄球菌产生脂溶性色素，分别为金黄色、柠檬色和白色；铜绿假单胞菌产生水溶性色素，使菌落和整个培养基均呈现绿色（图 2-3-25）。

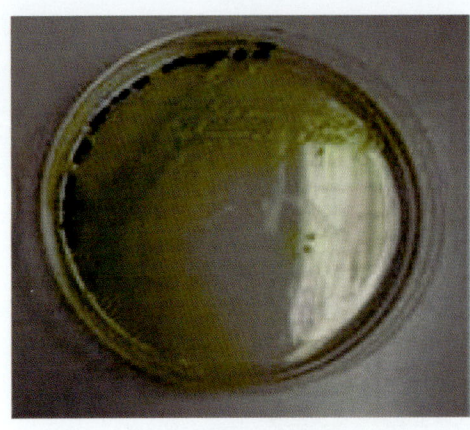 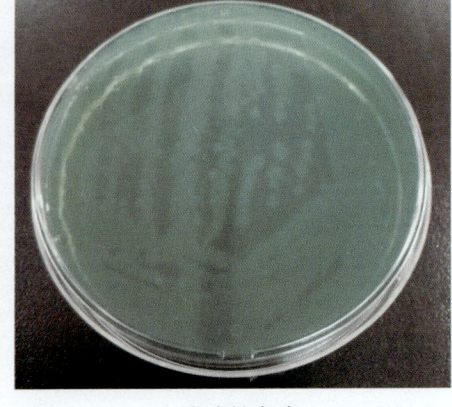

a. 水溶性色素　　　　　　　b. 脂溶性色素

图 2-3-25　细菌色素

实验五　病原性球菌的微生物学检测

病原性球菌又称化脓性球菌，主要引起化脓性炎症。根据革兰染色结果分为革兰染色阳性和革兰染色阴性两大类。本次实验主要学习病原性球菌的形态、染色性、菌落的特征及其鉴定。

一、病原性球菌的形态特征、染色性和菌落特征

【实验目的】

掌握病原性球菌的形态特征、染色性及菌落特征。

【实验材料】

1．示教片：葡萄球菌、链球菌、肺炎链球菌、脑膜炎奈瑟菌和淋病奈瑟菌革兰染色示教片。

2．培养物：金黄色葡萄球菌、表皮葡萄球菌、腐生葡萄球菌在普通平板上 18～24 h 培养物；金黄色葡萄球菌，甲型、乙型溶血性链球菌，肺炎链球菌在血平板上 18～24 h 培养物；脑膜炎奈瑟菌和淋病奈瑟菌在巧克力琼脂平板上 18～24 h 培养物。

【实验方法】

1．油镜下观察葡萄球菌、链球菌、肺炎链球菌、脑膜炎奈瑟菌和淋病奈瑟菌示教片，注意它们的形态、大小、染色性和排列方式。

2．肉眼观察几种葡萄球菌在普通平板上形成的色素颜色，观察金黄色葡萄球菌，甲型、乙型溶血性链球菌，肺炎链球菌在血平板上的生长现象，主要从菌落大小、颜色、有无溶血现象 3 个方面观察。

【实验结果】

1．几种病原性球菌的菌体形态及染色性见表 2-3-4。

表 2-3-4　几种病原性球菌的菌体形态及染色性

细菌种类	菌体形态	染色性
葡萄球	菌体球形，排列呈葡萄串状，有时呈短链状或散在分布	革兰染色阳性 
链球菌	菌体球形或椭圆形，链状排列	革兰染色阳性 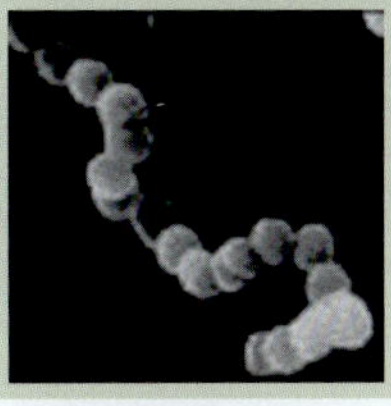
肺炎链球菌	菌体矛头状，成双排列，钝端相对，尖端相背	革兰染色阳性 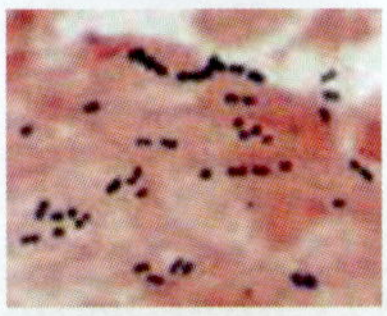
脑膜炎奈瑟菌	肾形或豆形双球菌	革兰染色阴性 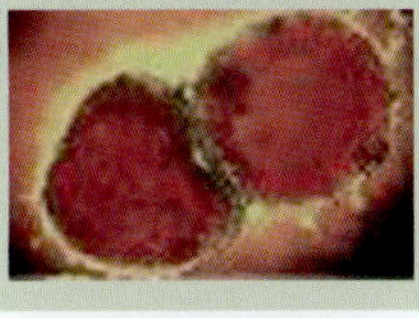
淋病奈瑟菌	肾形，成双排列双球菌，多位于中性粒细胞内	革兰染色阴性 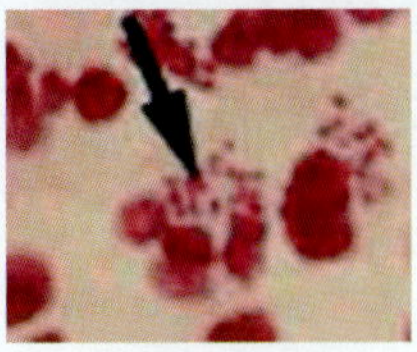

2. 菌落特征观察

（1）金黄色、表皮、腐生葡萄球菌菌落均为圆形、隆起、湿润、光滑、边缘整齐、不透明的中等大小菌落，各自形成金黄色、白色、柠檬色脂溶性色素，培养基不着色，金黄色葡萄球菌菌落周围有无色透明较宽的完全溶血环（β溶血，完全溶血）。

（2）链球菌为灰白色、表面光滑、边缘整齐的细小菌落，甲型溶血性链球菌菌落周围形成草绿色半透明狭窄的溶血环（α溶血，不完全溶血），乙型溶血性链球菌菌落周围形成无色透明较宽的溶血环，丙型链球菌无溶血环（图 2-3-26）。

（3）肺炎链球菌菌落呈圆形，光滑，中心凹陷，边缘隆起，半透明，针尖大小，菌落周围有草绿色半透明狭窄的溶血环，其与甲型溶血性链球菌菌落相似，培养 2~3 天后，因菌体发生自溶，菌落中央下陷呈"脐状"。

（4）脑膜炎奈瑟菌在巧克力琼脂平板菌落呈圆形、凸起、光滑、湿润、透明、边缘整齐，直径 2~3 mm 似露滴状。

（5）淋病奈瑟菌在巧克力琼脂平板上菌落呈灰白色、圆形、凸起、不透明，为直径 0.5~1 mm 的小菌落。

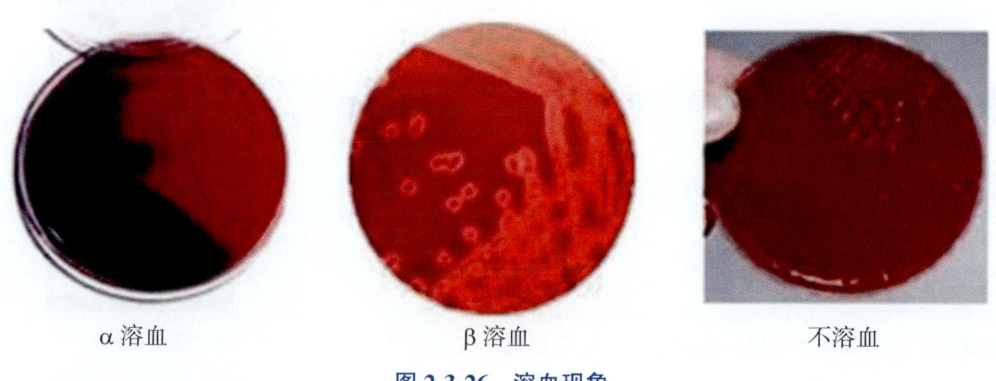

α 溶血　　　　　　　　β 溶血　　　　　　　　不溶血

图 2-3-26　溶血现象

二、脓汁标本病原菌的分离鉴定

从临床标本中，根据各种化脓性球菌不同的生物学特性，通过直接涂片镜检、分离培养、观察生化反应等方法，可鉴定出未知的化脓性球菌，不仅可提供化脓性感染疾病临床诊断的依据，还可进行药物敏感试验，为临床选用有效的抗菌药物提供参考。

【实验目的】

熟悉病原性球菌的分离培养及鉴定方法。

【实验材料】

标本采集和处理：

1. 脓液：用无菌棉拭取患部深处脓液或分泌物，放入无菌试管内，送检。

2. 痰液：用无菌容器收集患者痰液，以无菌棉拭挑取浓稠痰块，放无菌试管内，送检。

3. 咽部分泌物：嘱患者把口张大，用压舌板轻压舌根部，以无菌棉拭从鼻咽部取材。

4. 血液：疑为败血症患者，以无菌操作抽取静脉血 5～6 ml，直接注入 50 ml 无菌肉汤瓶内，立即摇匀后送检。

5. 脑脊液：疑似流脑患者，做腰椎穿刺取脑脊液，盛于无菌容器内，立即送检。

6. 疑为淋病时，男性患者从尿道口取材应进入尿道 1～2 cm。排尿后需等待 1 h，女性患者从宫颈口取材时，棉拭不可触及阴道内壁，进入颈管 2～3 cm 处稍等待片刻，再旋转 1～2 min 取材，从直肠肛门取材应插入 3～4 cm。取材后应立即送检，避免干燥，亦不可将检材放置冰箱内。

【实验方法】

根据化脓性球菌的微生物学检查的要求和目的，进行分离鉴定（图 2-3-27）。

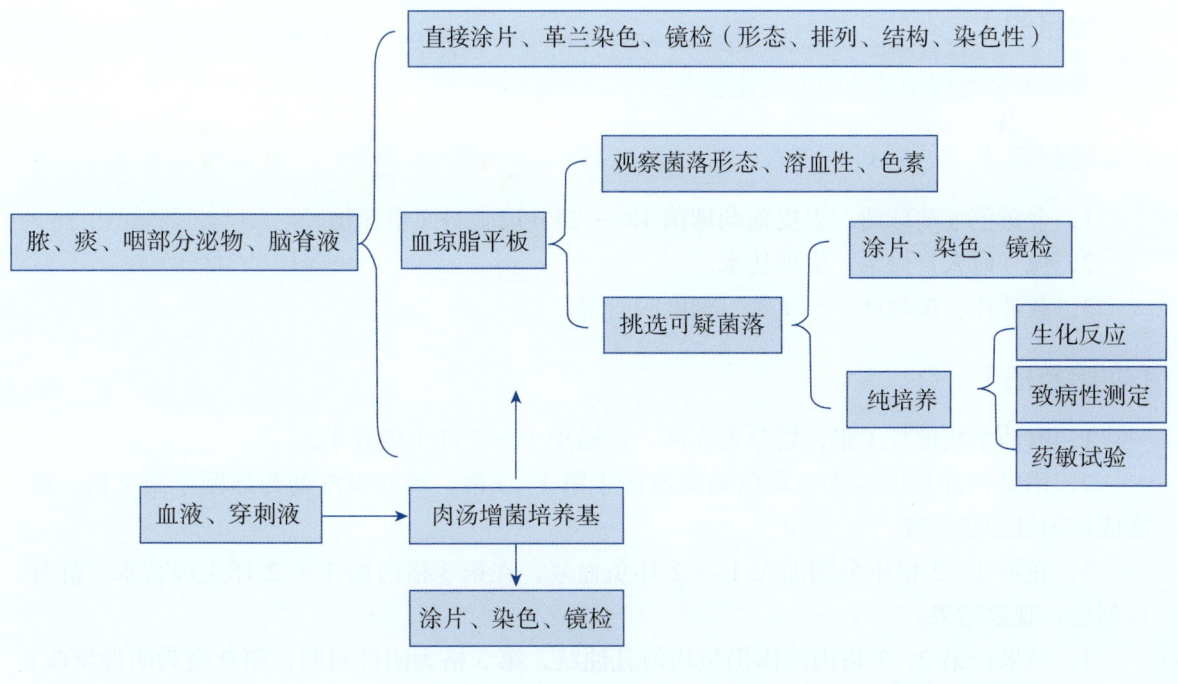

图 2-3-27　化脓性球菌的分离鉴定

【实验结果】

通过上述检查，得出标本中化脓性球菌的种类和细菌药物敏感试验的结果。

【注意事项】

1. 上面只表明一般的检查原则，在实际检查中，还需根据临床提供的可能诊断，做定向的检查。

2．若疑为流脑或淋病患者，其标本送检时，要注意保温，所用的培养基要提前放入孵箱内预温。

3．在检查脑膜炎奈瑟菌或淋病奈瑟菌时，如需做细菌培养，应选用巧克力血琼脂平板。

【思考题】

化脓性球菌的分离鉴定应注意哪些特殊情况？

附1　血浆凝固酶试验

大多数致病性葡萄球菌均可产生血浆凝固酶，故血浆凝固酶是鉴别葡萄球菌有无致病性的重要指标。该酶有两种：①游离型凝固酶：可被人或兔血浆中的协同因子激活而变为凝固酶样物质，使液态的纤维蛋白原变成固态的纤维蛋白，导致血浆凝固。常用试管法测定。②结合型凝固酶：结合于细菌细胞壁，可与血浆中的纤维蛋白原直接结合，导致葡萄球菌凝聚成块，常用玻片法检查。本试验主要介绍玻片法。

【实验目的】

掌握血浆凝固酶试验的方法及意义。

【实验材料】

1．金黄色葡萄球菌、表皮葡萄球菌18～24h琼脂斜面培养物。

2．兔（或人）血浆、生理盐水。

3．载玻片、接种环、小试管、刻度吸管等。

【实验方法】

1．取洁净载玻片1张，划分为3格，每格加1～2环生理盐水。

2．用接种环挑取少许金黄色葡萄球菌于第1、3格，挑取表皮葡萄球菌于第2格，碾磨成均匀乳浊状悬液。

3．在第1、2格中分别加入1～2环兔血浆，在第3格内加1～2环生理盐水。静置片刻后，观察结果。

4．结果：第2、3格内液体仍呈均匀乳浊状，第3格为阴性对照，第2格为阴性反应；第1格中的细菌凝聚成小块，液体清亮，为血浆凝固酶试验阳性。

【注意事项】

1．玻片法中，挑取细菌应注意接种环的灭菌处理，避免结果的相互影响。

2．玻片法中，细菌必须碾磨成乳浊状，而无细菌大颗粒存在。

【思考题】

玻片法中，为什么最好先挑取表皮葡萄球菌，后挑取金黄色葡萄球菌？

附2 胆汁溶菌试验

由于肺炎链球菌能产生自溶酶，可使细菌本身发生溶解。而自溶酶可被胆汁、胆盐或其他表面活性物质激活而进一步增加其活性，加速菌体的溶解。凭借此试验可鉴别肺炎链球菌与甲型溶血性链球菌。

【实验目的】

掌握胆汁溶菌试验的方法及意义。

【实验材料】

1. 肺炎链球菌菌液、甲型溶血性链球菌菌液。
2. 10% 去氧胆酸钠溶液、生理盐水。
3. 水浴箱、吸管、试管等。

【实验方法】

按表 2-3-5 排列试管，并加入各成分。

表 2-3-5 胆汁溶菌试验（单位：ml）

试管号	1	2	3	4
肺炎链球菌液	0.8	—	0.8	—
甲型溶血性链球菌菌液	—	0.8	—	0.8
10% 去氧胆酸钠溶液	0.2	0.2	—	—
生理盐水	—	—	0.2	0.2

【实验结果】

1号管由浑浊变清亮，表明细菌被溶解，即为胆汁溶菌试验阳性。其余各管无变化，为阴性。

【注意事项】

1. 粗糙型或死的肺炎链球菌，可以不表现出自溶现象。
2. 胆盐溶菌过程，是加速自然溶菌的过程，胆盐本身没有直接的溶菌作用。
3. 此试验为定性试验，故所用菌液以肉眼可见浑浊即可。

实验六　肠道杆菌的微生物学检测

由于粪便中的微生物很多，而且肠道杆菌的形态、革兰染色和培养特性相同或者相似，一些种类属于正常菌群，一些则是致病菌，所以除特殊情况外，一般不直接做涂片检查，主要靠分离培养鉴定。其步骤首先从选择鉴别培养基上挑选可疑的菌落获得纯培养，将纯培养的细菌用生化反应做出初步鉴定，再用诊断血清或单因子血清综合判断做出最后的鉴定。重要的肠道杆菌有埃希菌属、沙门菌属、志贺菌属、克雷伯菌属、变形杆菌属和耶尔森菌属。本实验中以沙门菌属和志贺菌属中常见的细菌为例，了解肠道病原菌分离鉴定的一般原则。

【实验目的】

1. 掌握致病性肠道杆菌分离鉴定的一般原则。
2. 熟悉常用的鉴定方法，包括生化实验、选择性培养基的原理和血清学方法。
3. 熟悉致病性和非致病性肠道杆菌在选择性培养基上的菌落形态。

【实验原理】

1. SS 琼脂培养基：是分离沙门菌属及志贺菌属的强选择性培养基。其成分中牛肉膏、蛋白胨、乳糖作为氮和碳源，煌绿、胆盐、硫代硫酸钠、枸橼酸钠对大肠埃希菌的生长，菌体蛋白的合成等具有抑制作用，而对肠道病原菌则无明显抑制作用，有利于肠道致病菌的选择生长。枸橼酸铁能中和煌绿、中性红等染料的毒性。硫代硫酸钠能使大肠埃希菌的红色菌落颜色鲜明。中性红为指示剂，酸性时呈红色，碱性时呈淡黄色。大肠埃希菌能分解乳糖产酸，因此菌落呈红色。一般肠道病原菌不分解乳糖，但利用蛋白胨产生碱性产物，所以菌落呈淡黄色。

2. 克氏双糖铁琼脂（简称 KIA）：分上层和下层，酚红作为指示剂，遇酸变黄、遇碱变红，如细菌分解糖产生酸，培养基即变为黄色。

下层为含葡萄糖的半固体培养基，可以观察细菌的动力和对葡萄糖的发酵能力。例如大肠埃希菌能发酵葡萄糖产酸、产气，所以下层变黄，且有气泡存在，同时有动力，细菌从穿刺线向周围扩散生长。

上层为含乳糖及硫酸亚铁的固体，主要是观察细菌对乳糖的发酵情况及产生硫化氢的能力，例如大肠埃希菌能发酵乳糖，所以上层斜面呈黄色。致病性肠道杆菌，如伤寒沙门菌、痢疾志贺菌等不能发酵乳糖，故斜面不变色。伤寒沙门菌能分解含硫氨基酸，产生硫化氢，硫化氢可与硫酸亚铁反应，产生硫化铁沉淀物，故培养基呈现黑色。大肠埃希菌不产生硫化氢，故不呈现黑色。此培养基可以用于肠道病原菌可疑菌落的纯分离及初步鉴定。

3. 尿素培养基：变形杆菌具有尿素酶活性，可分解尿素产生氨使培养基碱性增强，酚红指示剂变红。借此可与其他肠道杆菌相区别。

【实验材料】

1. 标本：患者粪便或肛门拭子（采集标本应注意病程，选取黏液或脓血部分。取后立即送检或保存于 30% 甘油盐水中。必要时，采取肛门拭子。）。
2. 培养基：SS 琼脂平板、克氏双糖铁琼脂、蛋白胨水尿素培养基。
3. 其他：伤寒沙门菌多价血清及单价血清、痢疾志贺菌诊断血清、玻片、生理盐水等。

【实验方法】

肠道杆菌分离培养和鉴定程序：

粪便、肛拭子标本→SS 琼脂平板→可疑菌落→克氏双糖铁琼脂→观察生化反应→进一步：生化反应、血清学鉴定。

【实验结果】

1. 肠道杆菌的菌落观察：将粪便标本分格划线接种在 SS 琼脂培养基上 37℃，18～24 h 培养观察结果，菌落较大呈红色者为非致病菌；菌落较小，圆形光滑呈浅黄色者为肠道致病菌菌落。
2. 肠道杆菌在克氏双糖铁琼脂上的生长特征观察见表 2-3-6。

表 2-3-6 可疑菌落初步鉴定结果

葡萄糖	乳糖	动力	H_2S	细菌
+	+	+	−	肠道非致病菌
+	−	+	+	变形杆菌
+	−	−	−	痢疾志贺菌
+	−	+	+/−	伤寒沙门菌
+	−	+	+/−	甲型副伤寒沙门菌
+	−	+	+	乙型副伤寒沙门菌

附 1 尿素分解试验

【实验目的】

了解尿素分解试验的原理和方法。

【实验方法】

将可疑菌落接种于尿素培养基，37℃培养 24 h 观察结果。

【实验结果】

变形杆菌有尿素分解酶，能快速分解尿素，使培养基成碱性，指示剂酚红遇碱显红色。

如为其他肠道杆菌，培养基仍为黄色。

附2　血清学鉴定

根据初步鉴定结果，用已知单因子诊断血清与可疑菌落做玻片凝集实验。出现凝集，即可确定。

实验七　结核分枝杆菌实验

分枝杆菌属（mycobacterium）细菌是一类细长，略弯曲、有分枝生长趋势的杆菌。因其细胞壁含有大量脂质，一般不易着色，若经加温或因延长染色时间而着色后能抵抗盐酸乙醇的脱色，故又称抗酸杆菌。主要致病菌有结核分枝杆菌和麻风分枝杆菌。

本次实验主要学习的结核分枝杆菌是引起结核病的病原体。形态检查有诊断价值，需氧生长，但营养要求高而且生长缓慢，目前可采用PCR技术鉴定结核分枝杆菌DNA，进行快速诊断。

【实验目的】

1. 掌握结核分枝杆菌的形态、染色特性和鉴定方法。
2. 熟悉结核分枝杆菌的培养特性。

【实验材料】

1. 结核分枝杆菌抗酸染色标本片，结核分枝杆菌在改良罗氏培养基上3～6周培养物。
2. 石炭酸品红液、3%盐酸乙醇、碱性亚甲蓝液。

【实验方法】

1. 油镜下观察结核分枝杆菌抗酸染色标本片可见背景和杂菌、细胞均染成蓝色，结核分枝杆菌染为红色，菌体细长，直或微弯，长短不一，单个存在或凝集成团（图2-3-28）。
2. 观察结核分枝杆菌在改良罗氏培养基上3～6周培养物，结核分枝杆菌在罗氏培养基上的菌落呈淡黄色或灰白色干燥颗粒状，菌落不透明表面呈皱纹状，形似花菜，称为"花菜状菌落"（图2-3-29）。
3. 结核患者痰涂片进行抗酸染色（详见第二篇第一章）。

【实验结果】

将玻片置油镜下观察，非抗酸菌和标本中细胞等均染成蓝色，结核分枝杆菌呈红色，即抗酸染色阳性菌，在淡蓝色背景下可见染成红色的细长或略带弯曲的杆菌，有分枝生长趋向。

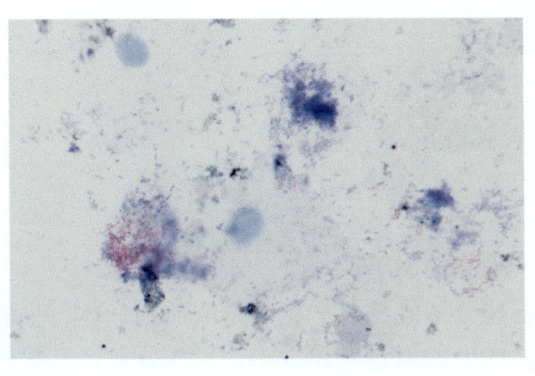

图 2-3-28 抗酸染色阳性菌

图 2-3-29 结核杆菌菌落

【思考题】

1. 抗酸染色法检测结核分枝杆菌为什么要加热?
2. 在痰标本中查出抗酸杆菌有何诊断意义?

实验八 厌氧性细菌、需氧芽孢杆菌实验

厌氧性细菌（anaerobic bacteria）是一群必须在无氧环境下，才能生长繁殖的细菌。根据能否形成芽孢，可将厌氧性细菌分为两大类：厌氧芽孢梭菌和无芽孢厌氧菌，前者产生多种外毒素，引起严重疾病；后者属人体的正常菌群，可引起内源性感染。

需氧芽孢杆菌是一群革兰阳性大杆菌，包括致病性的炭疽杆菌和不致病的枯草杆菌、蜡样杆菌、嗜热杆菌等。

本次实验主要学习破伤风梭菌、产气荚膜梭菌、肉毒梭菌等厌氧芽孢梭菌及炭疽杆菌。

一、厌氧菌的形态、染色性和培养特性

【实验目的】

掌握破伤风梭菌、产气荚膜梭菌和肉毒梭菌的形态、染色性和培养特性。

【实验材料】

1. 破伤风梭菌、产气荚膜梭菌和肉毒梭菌标本片。
2. 产气荚膜梭菌菌液、牛乳培养基、厌氧培养箱。

【实验方法】

1. 油镜下观察示教标本片。
2. 接种产气荚膜梭菌于牛乳培养基、37℃厌氧培养。

【实验结果】

1. 注意不同的厌氧菌染色性，芽孢的位置、形态、大小。
2. "汹涌发酵"现象观察：产气荚膜梭菌迅速分解乳糖，产生大量的酸和气体。牛乳中的酪蛋白被酸凝固，形成凝块与乳清，凝块被产生的大量气体冲击，形成分散蜂窝状碎块，并将培养基中隔绝氧气的凡士林冲向试管口，甚至冲开管口棉塞，这种气势凶猛的现象称为汹涌发酵，一般于培养 6 h 后即可发生。此为鉴别本菌的特征之一。

二、疱肉培养基培养法

疱肉培养基内含肉渣，液面上有凡士林隔绝氧气。肉渣中含不饱和脂肪酸和还原性化合物（谷胱甘肽）两种物质。前者氧化时能消耗溶解于培养基中的氧气，后者可使培养基中的氧化还原电势下降而造成厌氧环境，故适合于培养厌氧菌。

【实验目的】

了解常用厌氧培养法。

【实验材料】

破伤风梭菌菌种、疱肉培养基、酒精灯、接种环等。

【实验方法】

将培养基凡士林处置于火焰上，微加热先使凡士林熔化，然后接种，接种完毕后再微加热，最后将培养基直立于试管架上，使凡士林密封后，置37℃培养箱中培养 24～48 h。

观察：接种后如有细菌生长，则肉汤浑浊，肉渣被消化，使之变黑、有腐臭、产气等。

【思考题】

1. 未接种的正常疱肉培养基和接种厌氧菌的疱肉培养基有何差异？
2. 怎样去除疱肉培养基内溶解于液体中的氧气？

三、炭疽杆菌的形态和培养物观察

【实验目的】

了解炭疽杆菌的形态、染色、排列方式和培养特性。

【实验材料】

1. 炭疽杆菌革兰染色示教片。
2. 炭疽杆菌 18～24 h 血平板培养物。

【实验结果】

1. 炭疽杆菌革兰染色示教片镜检，炭疽杆菌呈紫色粗大杆菌，两端平切，长链状排列，形似竹节。芽孢圆形或卵圆形，位于菌体中央，芽孢小于菌体（图 2-3-30）。
2. 血平板上，炭疽杆菌菌落为 R 型，菌落大，灰白色、扁平而干燥、边缘不整齐，低倍镜检可见卷发状边缘。

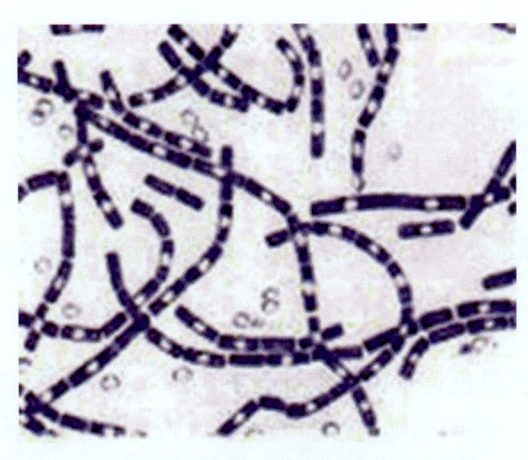

图 2-3-30　炭疽杆菌

实验九　螺旋体实验

螺旋体（spirochete）是一类细长、柔软、弯曲、呈螺旋状、运动活泼、革兰染色阴性的原核细胞型微生物。对人和动物致病的螺旋体有 3 个属，即密螺旋体属、疏螺旋体属和钩端螺旋体属。由螺旋体所致疾病，主要涉及两大类：性传播疾病和自然疫源性疾病。

【实验目的】

1. 掌握主要梅毒螺旋体、钩端螺旋体的形态特征。

2. 熟悉螺旋体的暗视野检查法。

【实验原理】

暗视野显微镜原理：暗视野显微镜是将普通显微镜的聚光器换成一个暗视野聚光器，该聚光器中央有一个黑色挡光板，光线不能直接进入物镜，而只能从挡光板周边缝隙折射到载玻片上。当光线通过载玻片上的标本时，由于标本与周围物体折光率不同而引起光的折射，使一部分光线进入物镜，从而可在黑色的背景上看到发亮的物体。

【实验材料】

钩端螺旋体培养物、载玻片、盖玻片、暗视野显微镜、暗视野显微镜灯源、酒精灯、接种环、镀银染色液。

【实验方法】

1. 活标本观察：取钩端螺旋体培养液滴于载玻片上，覆以盖玻片。在暗视野显微镜聚光器上加1滴香柏油，使载玻片背面与香柏油接触，低倍镜下调节反光镜，使光集中在聚光器上。调清楚视野后，再换高倍镜观察。

2. 固定标本片（宜薄），Fontana 镀银染色法观察（螺旋体镀银染色法详见第二篇第一章）。

3. 口腔奋森疏螺旋体刚果红负染法

（1）加1滴2%刚果红染液于载玻片上，用牙签取少许牙垢在染液中混匀，涂成薄片，待其自然干燥。

（2）翻转玻片，涂标本处对着浓盐酸瓶口，待盐酸蒸气将其熏成蓝色，即作镜检。

【实验结果】

1. 活标本观察：可在黑色背景中清楚地看到闪烁光亮的螺旋体，一端或两端弯曲呈钩状；运动活泼，如同原虫一样的蠕动、弯曲成角、旋转运动等特殊运动方式。

2. 钩端螺旋体 Fontana 镀银染色标本片：背景为淡棕色，钩体染成棕褐色，一端或两端有钩，但螺旋不清楚（图2-3-31）。

3. 梅毒螺旋体 Fontana 镀银染色标本片：背景为淡黄褐色，梅毒螺旋体呈棕褐色至棕黑色，有8～14个细密规则的螺旋，两端较尖（图2-3-32）。

4. 口腔奋森疏螺旋体：在油镜下，背景为蓝色，螺旋体不着色，有3～8个疏而不规则的螺旋。同时还可见梭形杆菌（图2-3-33）。

【思考题】

疑患钩端螺旋体病的早期患者，将如何采集标本并做哪些检查？

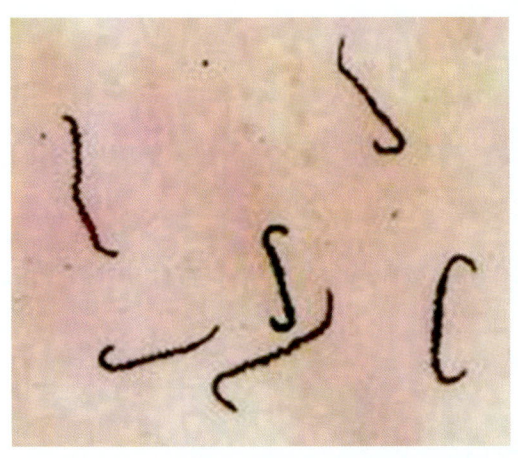
图 2-3-31　钩端螺旋体 Fontana 镀银染色

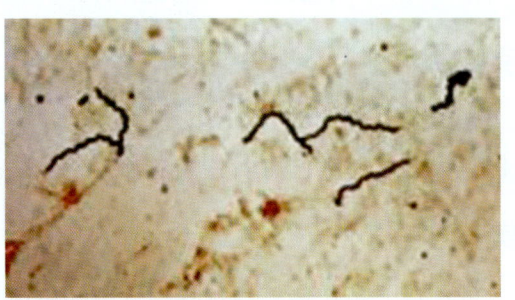
图 2-3-32　梅毒螺旋体 Fontana 镀银染色

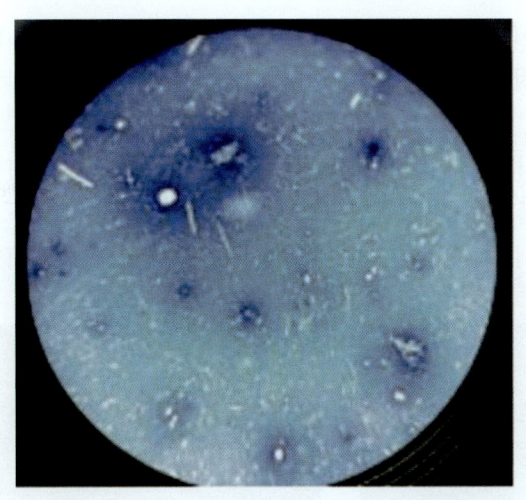
图 2-3-33　奋森疏螺旋体刚果红染色

实验十　真菌实验

真菌属于真核细胞型微生物，可分为单细胞真菌和多细胞真菌两类，单细胞真菌常被称作酵母菌，椭圆形或卵圆形。多细胞真菌被称作霉菌，由菌丝和孢子组成。临床上重要的真菌有白假丝酵母菌（白色念珠菌）、新生隐球菌和皮肤癣菌等。

一、真菌的形态观察

真菌比细菌大几倍至几十倍，用普通光学显微镜放大 100～400 倍，就可看清楚。

【实验目的】

1. 掌握主要真菌的形态特征。
2. 了解单细胞真菌和多细胞真菌的菌丝、孢子的形态特点。

【实验材料】

示教片：新生隐球菌墨汁染色片，白念珠菌乳酸酚棉蓝染色片，石膏样小孢子菌乳酸酚棉蓝染色片，红色癣菌乳酸酚棉蓝染色片。

【实验方法】

低倍镜或高倍镜下观察各种真菌的染色标本片。

【实验结果】

1. 新生隐球菌墨汁染色片：在黑暗背景上，可见多数发亮的单细胞菌体，呈圆形，大小不等，菌体周围有透明光亮、宽厚的荚膜。细胞壁较厚，有些菌体可见从胞壁伸出的圆形芽生孢子（图 2-3-34）。
2. 白念珠菌乳酸酚棉蓝染色片：白念珠菌为单细胞真菌，菌体呈卵圆形，大小不等，染色不匀，有时可见呈藕节状的假菌丝（多见于营养丰富的情况下）。丛生的芽生孢子呈圆形或卵圆形（图 2-3-35，图 2-3-36，图 2-3-37）（染色法详见第二篇第一章）。

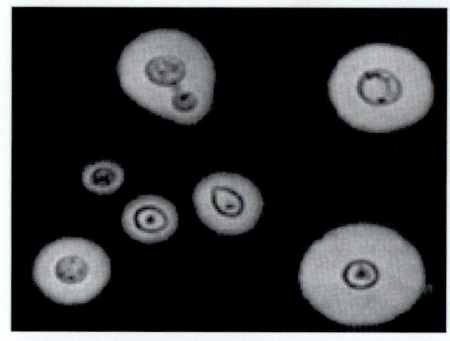

图 2-3-34　新生隐球菌墨汁染色片

图 2-3-35　白念珠菌假菌丝

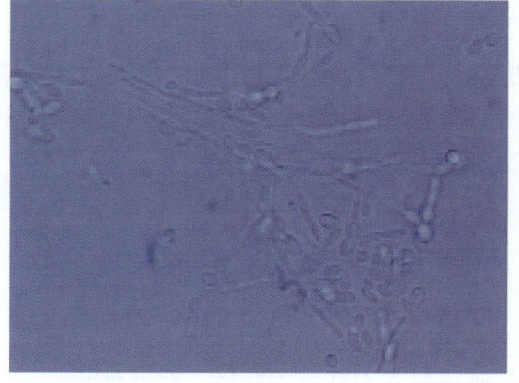

图 2-3-36　白念珠菌，亚甲蓝染色

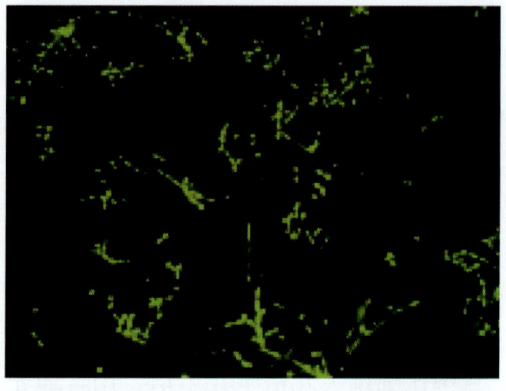

图 2-3-37　白念珠菌，吖啶橙染色

3. 将石膏样小孢子菌乳酸酚棉蓝染色片置高倍镜下观察，可见大分生孢子呈纺锤形，具有分隔，每隔为一个细胞。菌丝两侧可有无柄或短柄的少数棍状小分生孢子，有时可见厚膜孢子，菌丝呈球拍状，梳状或结节状。

4. 将红色癣菌乳酸酚棉蓝染色片置高倍镜下观察，菌丝有隔，两侧可见梨形或棒状侧生小分生孢子，有的有较短的分生孢子柄，大分生孢子较少，壁薄，细长，表面光滑呈棒状。在陈旧培养基中可见厚膜孢子、关节孢子、球拍状菌丝。

【思考题】

简述几种真菌菌丝和孢子的形态特征。

二、真菌的培养物观察

大多数真菌营养要求不高，最适温度为 22～28℃（但某些深部感染真菌则在 37℃ 条件下生长较好），需氧，要求弱酸性（pH 4.0～6.0）及较高的湿度。生长缓慢，一般需 1～2 周才长成典型菌落。最常用的培养基为沙保培养基。

【实验目的】

1. 熟悉真菌大培养、小培养的方法及结果。
2. 了解真菌不染色标本的检查方法。

【实验材料】

1. 新型隐球菌、白念珠菌培养物。
2. 毛发或皮屑等病理材料。
3. 沙保培养基。
4. 钢环、载玻片、接种针、酒精灯、无菌生理盐水、75% 乙醇、眼科镊、石蜡、培养箱等。

【实验方法】

1. 真菌的斜面培养

（1）将接种针弯成 L 型，挑取菌种培养物，接种于斜面培养基中间一点上，并稍微插入培养基内。

（2）毛发或皮屑等病理材料及其他物品材料，先用 75% 乙醇浸泡数分钟后，再以无菌生理盐水冲洗数遍，置于斜面上，并适当向培养基内压入。

（3）接种后的培养基置室温或 37℃ 培养，每 2～3 天观察 1 次。

2. 真菌的小培养

（1）钢环小培养：①用眼科镊夹取无菌小钢环，环的两面分别蘸取溶化的固状石蜡，平置于无菌载玻片上，另取一无菌盖玻片，用酒精灯火焰加热后，覆盖于钢环上，待冷，小培养钢环即被固定于载玻片和盖玻片之间。②用毛细吸管吸取融化的培养基,从钢环上端孔注入,注入量占容积的 1/2 即可。③培养基冷却凝固后,用接种针挑取菌种或材料,由上端孔接种于环内培养基上,并用无菌棉花轻轻塞住培养钢环的上端孔和侧孔,以利空气对流。④置湿盒内,室温或 37 ℃培养 2 ~ 3 天后,逐日观察,镜下可看到真菌生长过程及菌丝、孢子等的特征。

(2) 玻片小培养:直接将融化的培养基滴于无菌载玻片上,待冷凝后从周边接种真菌,用盖玻片覆盖后培养,也可以在显微镜下连续观察真菌的生长过程。

【实验结果】

1. 真菌的斜面培养:不同的真菌可形成以下 3 种不同类型的菌落(图 2-3-38)。

(1) 酵母型菌落:为典型的单细胞真菌菌落,如新生隐球菌菌落。该菌落呈浅棕褐色,较大,表面湿润光滑,细腻;或有沿斜面流下,似凝结牛乳状的菌苔。

(2) 类酵母型菌落:为部分单细胞真菌在出芽繁殖后,芽管延长形成假菌丝,再伸入培养基中形成,如白念珠菌菌落。该菌落为白色奶油状,较大,表面湿润光滑,细腻,有伸长的假菌丝,插入培养基内。

(3) 丝状菌落:为多细胞真菌菌落。共同特征是菌落带颜色,可呈棉絮状、绒毛状、粉末状等,培养基正面和背面可显示不同颜色;可看到伸向空间的气生菌丝,插入培养基深部的营养菌丝。

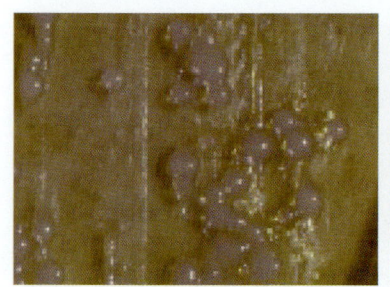 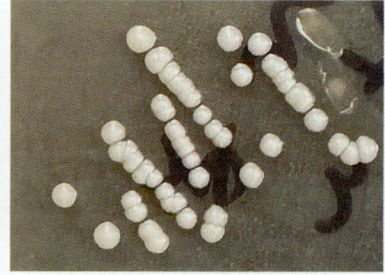 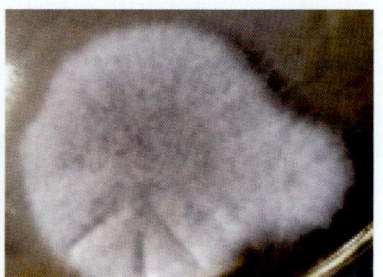

a. 新生隐球菌菌落　　　　　b. 白念珠菌菌落　　　　　c. 曲霉菌菌落

图 2-3-38　真菌的 3 种菌落类型

2. 真菌的小培养见图 2-3-39。

【思考题】

真菌菌落有几种类型?各有何特点?

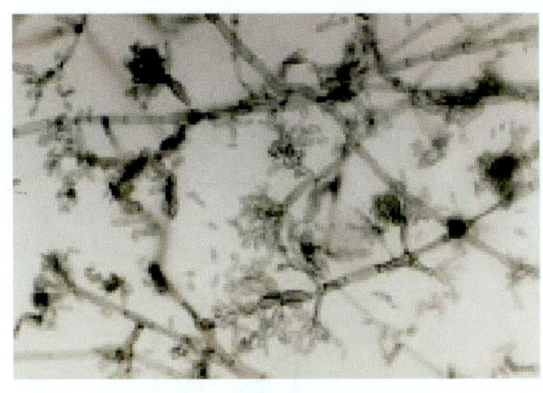
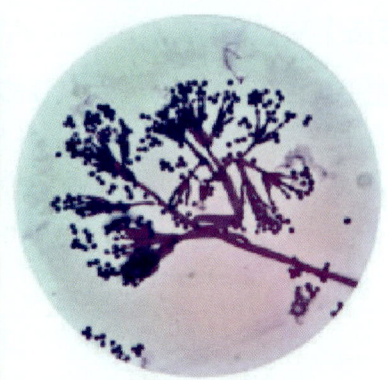

a. 青霉菌小培养　　　　　　b. 青霉菌结晶紫染色

图 2-3-39　青霉菌

实验十一　病毒学实验

病毒具有严格活细胞内寄生特性，只有在易感的宿主体内或活组织细胞内才能增殖。常用的分离培养方法有动物接种法、鸡胚培养法及组织细胞培养法等。本节主要介绍病毒的分离培养。

一、动物接种法

动物接种法是分离病毒较早应用的方法。常用的实验动物有小白鼠、大白鼠、豚鼠、家兔、鸡、犬和猴等。接种时应根据不同种类病毒选择敏感性高、易获得、易喂养、健康的动物品种和依据病毒的嗜性选择适宜接种途径。常用接种途径有腹腔、鼻腔、颅内等。目前，动物接种法有被组织培养法所取代的趋势，但因某些病毒对其敏感性强，或因科学研究制作"动物模型"的需要，至今仍有其重要性。本实验介绍小白鼠（乳鼠）颅内接种法。

【实验目的】

了解病毒的动物接种技术。

【实验材料】

1. 乙型脑炎病毒悬液。
2. 3 周龄小白鼠，体重 6～8 g。
3. 0.25 ml 注射器、4 号针头、镊子。
4. 碘酊、乙醇消毒棉球等。

【实验方法】

1. 左手拇指及示指挟住小白鼠颈部皮肤，用碘酊、乙醇消毒小白鼠右颞部皮毛。
2. 右手持注射器在小白鼠眼与耳根连线的中点略偏耳朵的方向进入颅腔，进针 2～3 mm，注入 0.02～0.03 ml 乙型脑炎病毒悬液（图 2-3-40）。

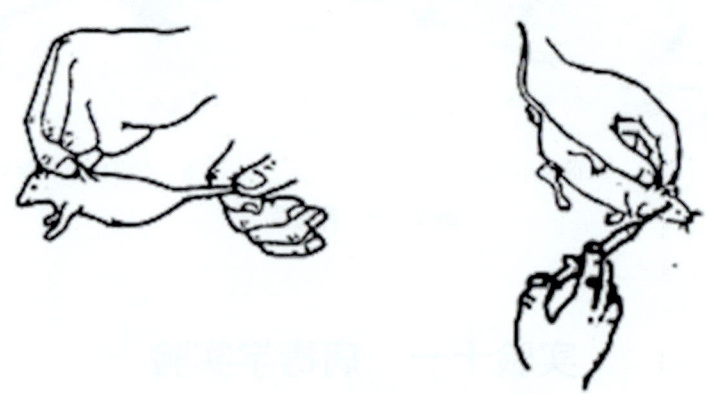

图 2-3-40　小白鼠接种方法示意图

【实验结果】

接种后每天观察数次，注意动物的症状。通常感染 3～4 天后小白鼠开始表现竖毛，活动减少或增强，并出现不正常的行为，如震颤、尾垂直或麻痹，甚至瘫痪及死亡等症状。未死亡者可做旋转实验：手提小鼠尾部，先向一方向旋转，再向另一方向旋转，然后放下。如小白鼠已发病，则有旋转或抽搐现象，即行解剖。取脑组织、制备匀浆取上清液，可进一步传代并进行病毒鉴定。

二、鸡胚接种法

鸡胚是通过正常受精的鸡卵经一定的温度和时间孵化而获得。鸡胚培养法适用于多种病毒的分离培养，也适用于衣原体、立克次体的分离培养，是目前常用病毒培养法之一。其具有操作简便、来源容易、便于管理及对多种病毒敏感的优点。常用的接种方法有 4 种（尿囊腔、羊膜腔、卵黄囊、绒毛尿囊膜），根据不同病毒在鸡胚中的适宜生长部位选用适当的途径和方法接种（表 2-3-7）。

表 2-3-7　不同病毒接种鸡胚的部位及胚龄

接种病毒名称	接种部位	鸡胚日龄	收获材料
痘类病毒、单纯疱疹病毒	绒毛尿囊膜	10～12	绒毛尿囊膜
流感病毒、腮腺炎病毒	尿囊腔	9～11	尿囊液

续表

接种病毒名称	接种部位	鸡胚日龄	收获材料
流感病毒初次分离	羊膜腔	10～13	羊水
某些嗜神经性病毒	卵黄囊	6～8	卵黄液

【实验目的】

熟悉用鸡胚分离培养的病毒种类和常用的接种途径。

【实验材料】

1．病毒：流行性感冒病毒悬液、乙型脑炎病毒悬液及Ⅱ型单纯疱疹病毒悬液。
2．新鲜白色壳莱亨鸡受精鸡卵。
3．一次性 1 ml 注射器。
4．其他：无菌生理盐水、卵架、检卵灯、碘酊、乙醇消毒棉球、无菌手术刀、镊子、剪刀、平皿、石蜡、透明胶纸、38～39℃孵箱等。

【实验方法】

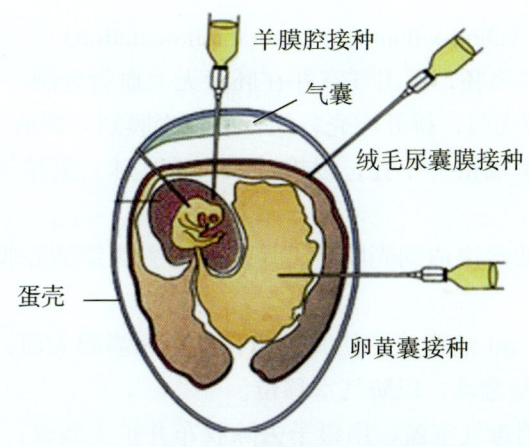

图 2-3-41　鸡胚接种法示意图

1．卵黄囊接种（yolk sac inoculation）

（1）取 6～8 日龄鸡胚，在照蛋箱上标出气室、胚位及进针部位，避开血管做一标记，作为注射点。

（2）用碘酊、乙醇消毒后，用无菌刀尖在记号处打一小孔。

（3）用无菌注射器吸取病毒悬液，从小孔处刺入约 1.5 cm，注入病毒液 0.1～0.2 ml。

（4）用熔化的无菌石蜡封口，37℃孵育，每天翻卵 1～2 次。

（5）取孵育 24 h 以上将死的鸡胚，无菌条件下按照图 2-3-41 鸡胚接种法示意图在气室端开窗，用镊子提起卵黄囊蒂，挤出卵黄囊液，低温保存；用无菌生理盐水洗去卵黄囊上的卵黄囊液后，将卵黄囊置于无菌平皿内，低温保存，以便进一步鉴定。

2．羊膜腔接种（amniotic cavity inoculation）

（1）取 10～13 日龄鸡胚，于接种第 1 天直立于卵盘中培养，使胚位向上接近气室。

（2）消毒气室端，于靠近胚位的气室边缘处锯一 8 mm×8 mm 的小方窗。

（3）用无菌小镊子去除卵壳，于强光下看清胚位后，将注射器从开窗处穿过绒毛尿囊膜、羊膜，用针头轻拨鸡胚，有实物感时提示已进入羊膜腔，注射 0.2 ml 病毒液。

（4）用无菌胶布封口，35 ℃孵育 3～4 天后，取出置 4 ℃过夜。

（5）收获时用尖吸管吸尽尿囊液后，再用小镊子提起羊膜使成伞形，将吸管尖穿破羊膜，自羊膜腔吸取羊水，一般羊水可吸出 1 ml 左右，置低温保存。

3．尿囊腔接种（allantoic cavity inoculation）

（1）取 9～11 日龄鸡胚，标出气室及胚位，于胚位对侧气室边缘做一标记，即为进针处。注意选择无血管区。

（2）消毒气室，并于进针处锯一小槽，将针与鸡胚纵轴方向成 15°角刺入尿囊腔，进针深度约 1.5 cm，注射病毒液 0.2 ml。

（3）用熔化的无菌石蜡封闭针孔，置 35 ℃孵育 48～72 h。

（4）孵育后，置 4 ℃过夜，使血管收缩血液凝固，便于收获尿囊液。

（5）消毒气室，剪去蛋壳，撕去壳膜，用尖吸管于无血管处刺入尿囊腔，吸取尿囊液并置低温保存。

4．绒毛尿囊膜接种（chorioallantoic membrane inoculation）

（1）取 10～12 日龄鸡胚，标出气室并在胚旁无大血管处画一个"△"，消毒后沿三角形边锯开卵壳，不要碰破壳膜，排开卵壳，用针尖在壳膜划一裂痕，滴上无菌生理盐水。

（2）同时在鸡胚气室端钻一小孔，以橡皮头（洗耳球）紧接气室小孔向外吸气，反复数次，形成人工气室。

（3）此时可见生理盐水渗透到壳膜下，用剪刀剪去漂浮的壳膜，即可见下陷的绒毛尿囊膜。

（4）用滴管滴入 0.1 ml 病毒液，使其散布在绒毛尿囊膜表面，用无菌胶布封上人工气室口，置 35 ℃孵育。切勿翻动，以防气室移位。

（5）收获鸡胚，先消毒气室窗，用镊子去除胶布并扩大卵窗，可见病变的绒毛尿囊膜，再用无菌小剪刀剪下绒毛尿囊膜，取出观察或放低温保存。

三、组织细胞培养法

组织细胞培养法是一种应用最广泛的病毒分离培养方法，具有经济实用，观察指标客观、敏感及适用范围广等优点。其方法包括活的离体器官组织或细胞培养。多种器官组织，如鸡胚、多种动物的肾组织、人胚羊膜组织、人胚肺组织和肿瘤组织，均可作为分离培养病毒的细胞系。病毒感染组织细胞后，大多数能引起组织细胞病变，可直接用普通光镜观察到。有少量病毒感染组织细胞后不出现病变效应，但能改变培养液的 pH 或出现红细胞吸附及血凝现象；也可用免疫荧光技术检查组织细胞中的病毒和细胞变化。本实验以鸡胚单层细胞培养病毒为例。

【实验目的】

了解原代细胞和传代细胞的培养技术，熟悉病毒感染单层细胞后的细胞病变效应（cytopathic effect，CPE）。

【实验材料】

1．病毒：水疱性口炎病毒（vesicular stomatitis virus VSV）。

2．细胞及培养基：9～11日龄的鸡胚、细胞生长液［含5%～10%小牛血清及100 U/ml双抗的RIMI（Roswell Park Memorial Institute）-1640液］、细胞维持液（不含血清的RPMI-1640液）。

3．其他试剂：0.25%的胰酶、PBS液、无菌蒸馏水、碘酊、乙醇消毒剂。

4．仪器设备：培养瓶、培养皿、吸管、滴管、小试管等无菌器皿、100目不锈钢网、无菌手术器械、CO_2孵箱、水浴锅、倒置显微镜等。

【实验方法】

1．取胚：取9～11日龄鸡胚放在蛋架上，用碘酊、乙醇消毒气室部，用剪刀剪除气室部蛋壳，用无菌弯头镊子轻轻取出鸡胚置无菌平皿中。

2．去除鸡胚的头、爪、内脏及骨骼：用PBS液洗3次，以去除残余的血液，然后将鸡胚组织移入小三角烧瓶内，用眼科剪在瓶口处将胚组织剪成1 mm^3大小的组织块，用含有双抗的PBS液洗2次。

3．胰酶消化：根据鸡胚量的多少，加入5倍量的0.25%胰酶溶液（每个鸡胚需加胰酶10～15 ml），塞好瓶口，置37℃水浴锅消化15～30 min，视其组织块聚合成一团、表面呈绒毛状时，吸弃胰酶，用冷PBS清洗1～3次，以去除残存的胰酶。

4．分散细胞：加入10 ml不含血清的营养液，用大口吸管反复吹打细胞悬液，使细胞分散，将细胞悬液通过不锈钢筛网，补加1 ml小牛血清。

5．细胞计数：吸取0.1 ml细胞悬液与PBS液0.8 ml，0.4%的锥虫蓝染液0.1 ml混匀于小试管中，取少许滴入血细胞计数板内，计数。锥虫蓝拒染的细胞即活细胞。

6．细胞分装培养：如果活细胞数在90%以上即可以按（3～5）×10^5/ml分装于培养瓶中，于5%CO_2孵箱内37℃孵育，2～3日后于倒置显微镜下看到成片的单层成纤维样细胞。

7．取单层细胞培养瓶4瓶（2瓶作为接种VSV病毒液，另2瓶做对照用）。

8．吸弃单层培养的鸡胚细胞上的培养液，加入一定量的VSV病毒液，置37℃孵箱内孵育1 h时，使病毒吸附到细胞上。

9．吸弃病毒液，加入新的细胞维持液，置37℃，5%CO_2的孵箱内孵育。

【实验结果】

观察 CPE：分别于感染后 18 h、24 h、36 h 和 96 h，在倒置显微镜下观察病毒引起的细胞圆缩、堆积及脱落等 CPE 现象。

实验十二　医学线虫实验

一、似蚓蛔线虫（蛔虫，*Ascaris lumbricoides*）

【实验目的】

1．掌握似蚓蛔线虫受精蛔虫卵、未受精蛔虫卵、脱蛋白质膜蛔虫卵的形态特征。
2．了解似蚓蛔线虫成虫的外形特征。
3．掌握粪便直接涂片检查法的操作步骤。

【实验内容】

1．示教标本

（1）蛔虫成虫（瓶装浸制标本）：肉眼（放大镜）观察：成虫为长圆柱形，头端稍钝，尾端较尖，灰白色。体表光滑具细横纹，虫体的两端各有一条白色的侧索。前端有唇瓣三片，呈"品"字形排列。雄虫较小，长为 15～31 cm，尾端向腹面弯曲。雌虫较大，长为 20～35 cm，尾部直而钝圆，阴门开口于虫体前中 1/3 交界处腹面。观察要点：应注意其外形、大小、颜色、雌雄的区别等。在剖开的标本上，应注意观察其内部结构和雌雄生殖器官的不同。

（2）蛔虫头部玻片标本：口孔位于虫体顶端，周围有 3 个唇瓣，呈"品"字形排列，这是蛔虫的特征之一，也是鉴别蛔虫的一个重要依据（图 2-3-42）。

（3）蛔虫感染期卵：卵内含有一条盘曲的幼虫，卵壳及蛋白质膜的形态特点同受精蛔虫卵，是蛔虫的感染阶段（彩图 2-3-42）。

（4）脱蛋白质膜蛔虫卵：呈无色透明，卵壳光滑。受精蛔虫卵卵壳较厚，卵内为一未

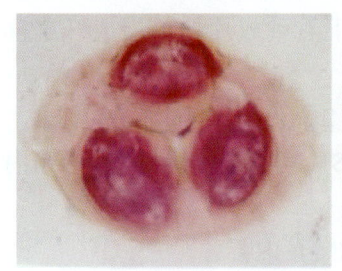　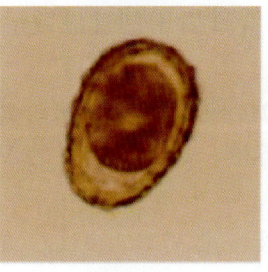　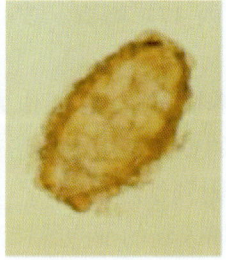　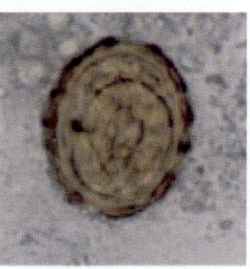

　　蛔虫唇瓣　　　　　　受精蛔虫卵　　　　　未受精蛔虫卵　　　　蛔虫感染期卵

图 2-3-42　蛔虫各期形态

分裂的大而圆的卵细胞，与卵壳间有新月状空隙，此为与钩虫卵的鉴别要点。未受精蛔虫卵脱去蛋白质膜后，注意与粪便内的植物细胞区别，未受精蛔虫卵卵壳薄，内含大小不等的屈光颗粒。

(5) 蛔虫性阑尾炎（瓶装浸制标本）：临床病理标本，可见阑尾内钻入一条蛔虫。

(6) 蛔虫性肠梗阻（瓶装浸制标本）：注意观察肠梗阻段内蛔虫影。

(7) 蛔虫性肠穿孔（瓶装浸制标本）：临床病理标本，注意观察肠穿孔的部位及蛔虫一端。

2．自看标本：取含蛔虫卵的粪便标本，直接涂片法制作标本，用低倍镜寻找蛔虫卵，将虫卵移到视野中心，然后换高倍镜仔细观察鉴别。

(1) 受精蛔虫卵：宽椭圆形，大小为 (45~75) μm × (35~50) μm，棕黄色，卵壳厚，外被凹凸不平的蛋白质膜，内含一个大而圆的卵细胞，在新鲜标本内卵细胞的两端与卵壳之间各有一新月形空隙。观察要点：虫卵为一立体结构，显微镜所见是借透过的光线，看到虫卵的某一个平面。若虫卵蛋白质膜很厚时，则不能透过卵壳看见内部结构，只看见厚薄不均的棕黄色蛋白质膜。有时虫卵可以竖立，顶面观呈圆形（图 2-3-42）。

(2) 未受精蛔虫卵：长椭圆形，大小为 (88~94) μm × (39~44) μm，卵壳较薄，无脂层，卵壳表面常附着一层凹凸不平的较薄蛋白质膜，因被胆汁染色，呈棕黄色，卵内含许多大小不等的折光性颗粒（图 2-3-42）。

【思考题】

粪便检查是否可以诊断所有的蛔虫感染？为什么？

附：粪便生理盐水直接涂片法（示教）

【实验原理】

利用生理盐水不改变涂片的渗透压而破坏活的病原体，把粪便稀释，使与粪便黏在一起的病原体分散在涂片中，既保持了视野透光度，又能暴露病原体的形态结构，有利于在镜检中识别病原体。

【实验材料】

容器、载玻片、盖玻片、竹签、吸管、生理盐水、镊子、显微镜。

【操作步骤】

1．取清洁载玻片 1 张，在玻片中央滴 1 滴生理盐水。

2．用竹签挑取绿豆大小的粪便块，在生理盐水中涂抹均匀呈混悬状态，厚薄以透过涂片隐约能辨认书上的字迹为宜。

3．用镊子夹取 1 张盖玻片，先使盖片的一边与粪液接触，然后轻放下，避免气泡产生。

4．将涂片先置于低倍镜下寻找标本，将观察对象移到视野中央，再换用高倍镜观察细微结构。

5. 此法简单易行、快速，临床常用，适于检查多种蠕虫卵、原虫包囊和滋养体。

【注意事项】

1. 挑取标本时要避免大块粪渣，并尽量挑选有黏液或脓液的部分进行涂片。
2. 所取粪便必须新鲜，而且容器要洁净，防止污染。
3. 应注意虫卵与粪便中异物的鉴别。
4. 检查虫卵应从形状、大小、颜色、卵壳特征和内含物 5 个方面进行观察和描述。

二、毛首鞭形线虫（鞭虫 *Trichuris trichiura*）

【实验目的】

1. 掌握毛首鞭形线虫虫卵和成虫的形态特征。
2. 了解毛首鞭形线虫的生活史。

【实验内容】

1. 示教标本

（1）毛首鞭形线虫成虫（瓶装浸制标本）：虫体前 3/5 成细管状，后部粗圆，外形似马鞭状，体呈灰白色。雌虫尾端钝圆而直，而雄虫尾部向腹面呈环状卷曲，末端有 1 根交合刺。肉眼观察要点：注意大小、颜色、形状，以及雌雄成虫的头部和尾部的区别（图 2-3-43）。

（2）毛首鞭形线虫卵：高倍镜下观察，毛首鞭形线虫卵比蛔虫卵小，呈纺锤形，大小为（50～54）μm×（22～23）μm，黄褐色，卵壳较厚，卵的两端各有一个透明盖塞，内含 1 个卵细胞（图 2-3-43）。

（3）毛首鞭形线虫寄生在肠壁上（瓶装浸制标本）：注意观察毛首鞭形线虫寄生于肠壁的特点：以纤细的头端钻入肠壁黏膜至黏膜下层组织，尾端则裸露在肠腔内。

2. 自看标本：取粪便用生理盐水直接涂片法观察毛首鞭形线虫卵。

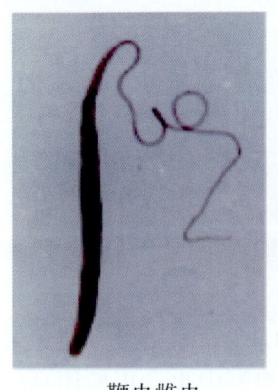  

鞭虫雌虫　　　　　　　鞭虫雄虫　　　　　　　鞭虫卵

图 2-3-43　鞭虫各期形态

【思考题】

毛首鞭形线虫的成虫和虫卵有何突出的特征？

三、十二指肠钩口线虫和美洲板口线虫

（十二指肠钩虫 Ancylostoma duodenale，美洲钩虫 Necator americanus）

【实验目的】

1．掌握十二指肠钩口线虫和美洲板口线虫虫卵的形态特征。
2．掌握两种钩虫成虫的形态特征及鉴别要点。
3．掌握饱和盐水浮聚法的技术操作。
4．了解钩蚴培养法。

【实验内容】

1．示教标本

（1）两种钩虫成虫（瓶装浸制标本）：肉眼或用放大镜观察，钩虫呈灰白色，长约 1 cm，圆柱状。前端顶部为发达的角质口囊，头向背侧弯曲，形成颈弯。雄虫尾端角皮膨大形成交合伞，雌虫尾端呈圆锥形。两种钩虫固定标本的体态不同，十二指肠钩虫颈弯较小，头、尾均向背侧弯曲，呈"C"形；美洲钩虫颈弯深而明显，头向背侧弯曲，尾向腹面弯曲，呈"S"形（图 2-3-44）。

（2）两种钩虫口囊（染色玻片标本）：卡红染色，在低倍镜下可见十二指肠钩虫口囊呈扁卵圆形，其腹侧缘有 2 对钩齿；美洲钩虫口囊呈椭圆形，其腹侧缘有 1 对半月形板齿（图 2-3-44）。

（3）两种钩虫雄虫交合伞（染色玻片标本）：卡红染色，在低倍镜下可见，十二指肠钩虫交合伞撑开时略呈圆形，背辐肋在远端分 2 支，每支又分 3 小支；两根交合刺呈长鬃状，末端分开。美洲钩虫交合伞撑开时略呈扁圆形，背辐肋由基部分 2 支，每支又分 2 小支；两根交合刺，其中一根末端形成倒钩，与另一根相并包套于膜内（图 2-3-44）。

2．自看标本

钩虫卵：采用新鲜粪便直接涂片标本。在较弱光线下，先用低倍镜寻找，找到后换用高倍镜观察。虫卵呈椭圆形，大小为（56～76）μm×（36～40）μm，无色透明，卵壳极薄，新鲜虫卵内常含 2～4 个卵细胞。卵壳与卵内细胞之间有明显的透明空隙，这是钩虫卵的特征之一（图 2-3-44）。但在外界适宜条件下，当患者便秘或者粪便放置过久，卵内细胞可很快分裂为多个卵细胞，甚至发育为一条幼虫，因而镜检钩虫卵时看到的发育时期不同，卵内容物也有所差异。两种钩虫卵在形态上相似，不易区分。但在观察时需注意与脱蛋白质膜受精蛔虫卵的区别。

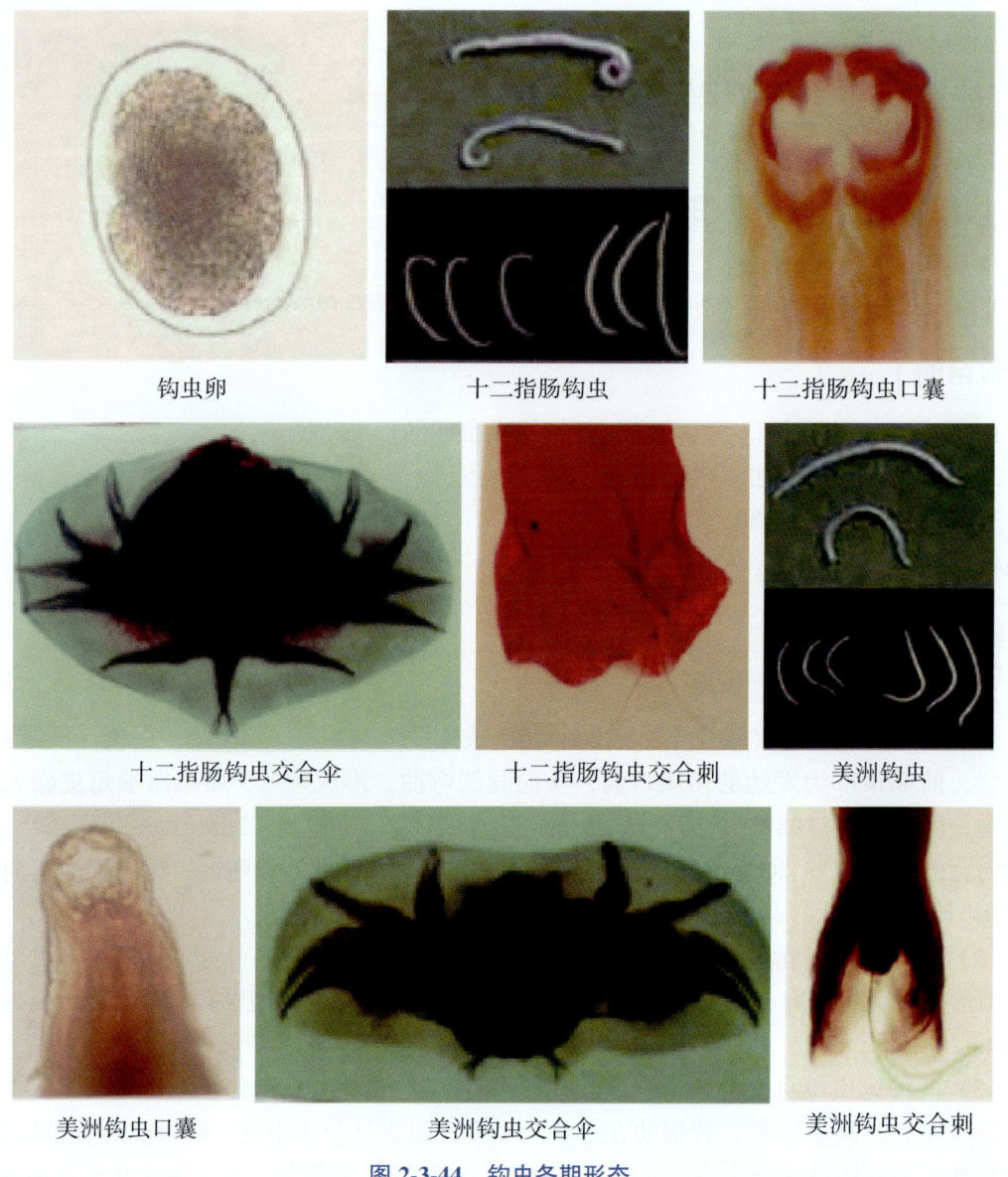

图 2-3-44　钩虫各期形态

【思考题】

确诊钩虫感染有哪几种方法？各有何优缺点？

附 1　饱和盐水浮聚法（示教）

【实验原理】

利用饱和盐水比重较大（约为 1.200）作为浮聚液，使比重较小的虫卵，特别是比重较轻（为 1.055～1.088）的钩虫卵漂浮聚于液面，达到浓聚目的，以提高检出率。

【实验材料】

漂浮杯、载玻片、竹签、吸管、饱和盐水、显微镜。

【操作步骤】

1．用竹签挑取黄豆大小已去粗渣的待检粪便（约 0.5 g），置于洁净的漂浮杯中，加入少量饱和盐水，充分搅拌成悬液。

2．再继续加入饱和盐水，边加边搅拌，至接近杯口时，改用吸管缓慢滴加，使液面略高于杯口，但不外溢为止。

3．取洁净无油脂的载玻片盖于漂浮杯上，接触液面，避免产生气泡。静置 15~20 min 后，将载玻片向上提起，并迅速翻转，立即镜检。

【注意事项】

1．翻转载玻片时，勿使载玻片上的粪液滴落流失或干燥，影响检出率。
2．镜检过程中，勿使粪液污染载物台及物镜。
3．本法对粪便中钩虫卵的浮聚效果最好，也可用于检查其他线虫卵和圆叶目绦虫卵。

附 2　钩蚴试管滤纸培养法（示教）

【实验原理】

利用钩虫卵在温度 20~30℃，相对湿度 60%~80%，氧气充足的条件下可以很快孵出幼虫（钩蚴）的条件，利用幼虫（钩蚴）向湿性和聚集性的特点浓集幼虫（钩蚴），可用肉眼或放大镜观察的原理而设计的方法。

【实验材料】

滤纸、试管、剪刀、竹签、铅笔、冷开水、放大镜、孵箱、小镊子。

【操作步骤】

1．取一洁净试管，加入冷开水 2~3 ml。

2．将滤纸剪成与试管等宽，但较试管稍短的"T"形纸条，在横条部分用铅笔标记受检者的姓名或编号。

3．在滤纸条竖部的上 2/3 处均匀地涂上粪便 0.2~0.4 g。将滤纸条插入试管，下端浸入水中，以粪便不触到水面为度。

4．置于 25~30℃孵箱中培养，每天加适量水，以保持水面高度。3~5 天后观察结果。

5．用小镊子将滤纸条轻轻提起，使其离开管底约 2 cm，摇动试管，用肉眼或放大镜观察试管底部水中有无呈银白色作蛇形运动的钩蚴。

【注意事项】

粪便必须新鲜,因钩虫卵在适宜的条件下,经 1~2 天就可孵出幼虫。

四、蠕形住肠线虫(蛲虫,*Enterobius vermicularis*)

【实验目的】

1. 掌握蠕形住肠线虫成虫和虫卵的形态特征。
2. 熟悉蠕形住肠线虫感染的检查方法。

【实验内容】

1. 示教标本

(1) 蠕形住肠线虫成虫雌虫(瓶装浸制标本):为乳白色,形如线状,细长,大小为 (8~13) μm ×(0.3~0.5) μm。虫体前端较细,中部膨大,尾端直而尖细。

(2) 蠕形住肠线虫成虫雌虫(染色玻片标本):卡红染色,在低倍镜下可见虫体前端的角皮层向两侧扩展形成翼状,称头翼。咽管末端膨大呈球形,称咽管球。尾部直而尖细。尖细部可达体长的 1/3(图 2-3-45)。

(3) 蠕形住肠线虫成虫雄虫(染色玻片标本):卡红染色,在低倍镜下可见其尾端向腹面卷曲,有 1 根交合刺,头翼及咽管球的特征与雌虫相同。

2. 自看标本:显微镜观察蛲虫卵玻片标本:蛲虫卵呈不对称椭圆形,一侧扁平,一侧凸出。大小为(50~60)μm ×(20~30)μm,卵壳较厚,无色透明。虫卵自虫体排出时,卵细胞已发育至蝌蚪期胚胎,数小时后即可发育为幼虫(图 2-3-45)。

【思考题】

蛲虫病的实验诊断方法有何特点?为什么?

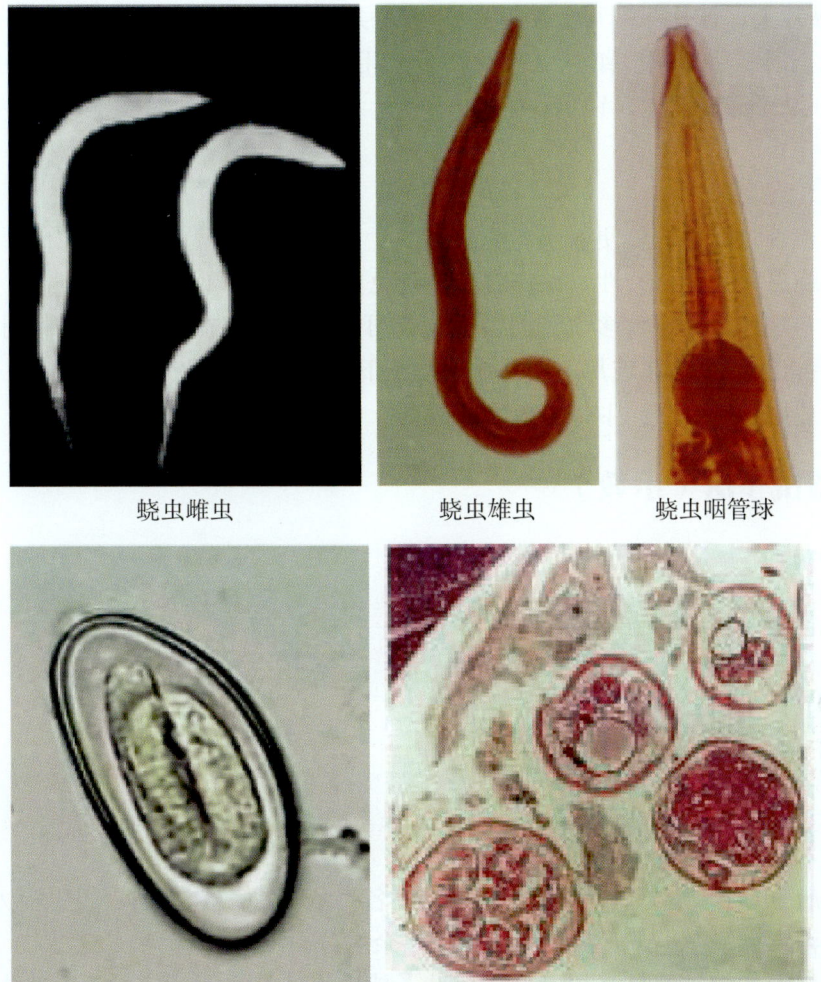

蛲虫雌虫　　　　蛲虫雄虫　　　　蛲虫咽管球

蛲虫卵　　　　阑尾中蛲虫切片

图 2-3-45　蛲虫各期形态

附 1　透明胶纸法（示教）

【实验原理】

蛲虫雌虫在患者肛周及会阴部皮肤上夜间产卵特性，或者牛带绦虫孕节从肛门排出或主动爬出时，孕节被挤破使虫卵黏附于患者肛周皮肤上，故利用胶纸黏取虫卵进行检查。

【实验材料】

宽 2 cm 透明胶纸带、载玻片、签字笔、剪刀、显微镜。

【操作步骤】

1. 将透明胶纸剪成宽 2 cm、长约 6 cm 的小段，一端向胶面折起约 1 cm，并把胶纸贴在干净的载玻片上，玻片一端写上受检者姓名编号等信息，待用。

2. 在检查时，将透明胶纸从载玻片揭下，用胶面紧贴受检者肛门周围的皮肤皱褶处，然后将胶面回贴于载玻片上，镜检。

【注意事项】

1. 最佳检查时间为清晨便前或者洗澡前。
2. 成熟蛲虫卵具有感染性，操作时严格避免自身感染和环境污染。
3. 胶纸与玻片之间有许多气泡时，镜检前可揭起胶纸，在玻片上可加一小滴生理盐水或镜油，然后将胶纸平铺在玻片上，并排出胶纸下的气泡后再观察。
4. 本法适用于蛲虫卵、牛带绦虫卵的检查。

附2　棉签拭子法（示教）

【实验原理】

湿棉签可以黏附肛周皮肤虫卵。

【实验材料】

生理盐水、棉签、玻璃试管、离心管、吸管、离心机。

【操作步骤】

1. 在一洁净的小玻璃试管上标记受检者的姓名或编号等信息，再加入生理盐水 1～2 ml。
2. 取一消毒棉签在小试管内沾湿，挤去多余水分。
3. 用已浸湿的棉签擦拭受检者肛周皮肤，然后将棉签放回相应的小试管内，荡洗，使虫卵散落生理盐水内。
4. 离心取沉淀物涂片镜检。

【注意事项】

1. 最佳检查时间为清晨便前或者洗澡前。
2. 检查完毕，检查者应立即彻底洗手，以免虫卵污染手指而误入口中被感染。
3. 镜检时光线宜暗些，并注意蛲虫卵与气泡的区别。
4. 本法适用于蛲虫卵、牛带绦虫卵的检查。

五、班氏吴策线虫和马来布鲁线虫

（班氏丝虫 *Wuchereria bancrofti*，马来丝虫 *Brugia malayi*）

【实验目的】

1．掌握班氏吴策线虫微丝蚴与马来布鲁线虫微丝蚴的形态区别。
2．了解丝虫成虫的形态。
3．了解丝虫微丝蚴厚血膜染色法的技术操作。

【实验内容】

1．示教标本
（1）丝虫成虫（瓶装浸制标本）：肉眼观察虫体为乳白色，细长如丝状。雌虫较长，尾部钝圆，略向腹面弯曲；雄虫短且尾端向腹面卷曲 2～3 圈（图 2-3-46）。
（2）阴茎、阴囊象皮肿的病理标本：为一典型晚期丝虫病患者手术摘下的标本。
（3）乳糜尿：为密封保存的慢性丝虫病患者尿液，可见大量乳白色沉淀物。
2．自看标本
（1）班氏丝虫微丝蚴染色标本：厚血膜溶血后经苏木素染色。先在低倍镜下观察，可见厚血膜内白细胞呈紫蓝色点状，微丝蚴呈线状，细小而弯曲，被染成紫蓝色，体内有颗粒。然后换油镜观察，微丝蚴前端钝圆，后端尖细，外被鞘膜。班氏微丝蚴细小，弯曲自然，体核染为紫蓝色，多为圆形，大小相等，排列整齐，各核分开。头间隙较短，长∶宽约为 1∶1 或 1∶2，神经环较明显，无尾核（图 2-3-46）。
（2）马来丝虫微丝蚴染色标本：观察内容同上，注意相互比较，在两种微丝蚴的主要形态鉴别中，注意马来微丝蚴体略小，体态僵直，头间隙较长，长∶宽约为 2∶1，体核大小不等，排列紧密，相互重叠，不易分清，并有 2 个尾核（图 2-3-46）。

【思考题】

两种丝虫微丝蚴在形态上有哪些主要区别点？

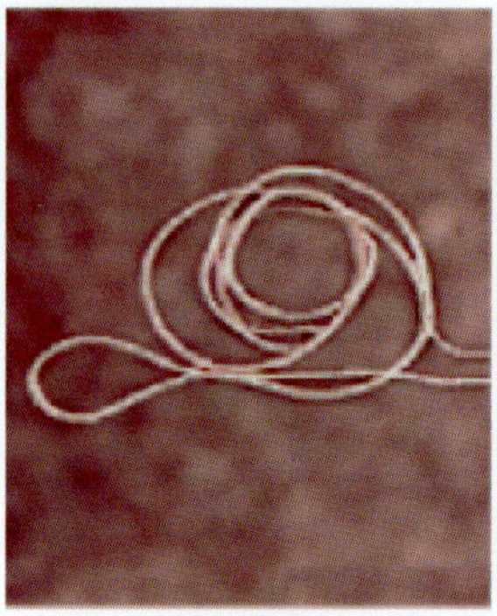

丝虫雌虫 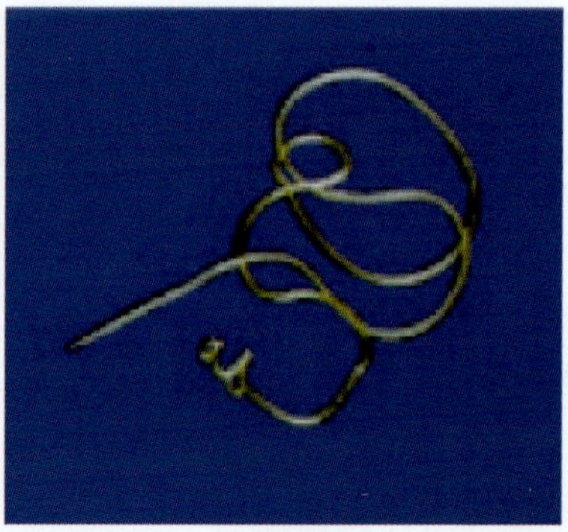　　　　　　　丝虫雄虫 　　　　　　　马来微丝蚴

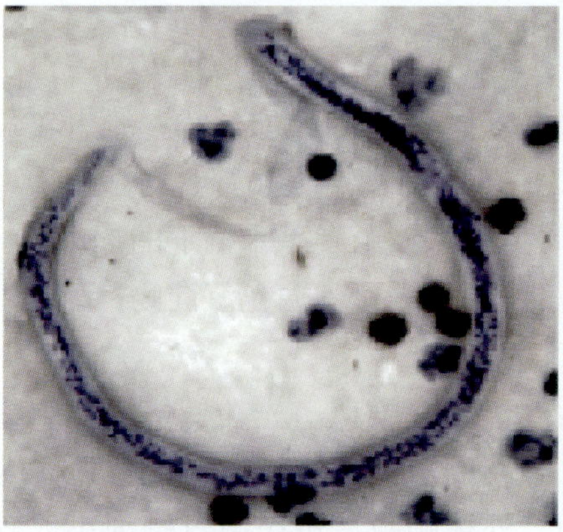

班氏微丝蚴 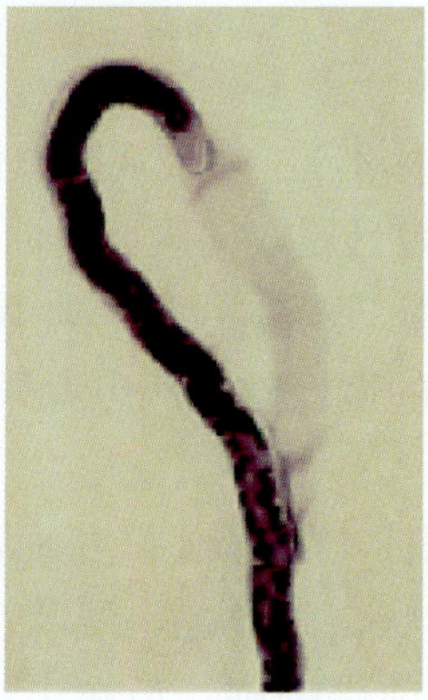　　　　马来微丝蚴头间隙 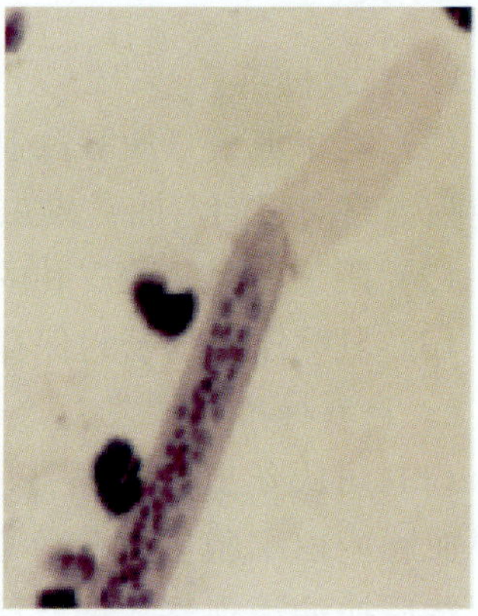　　　班氏微丝蚴头间隙

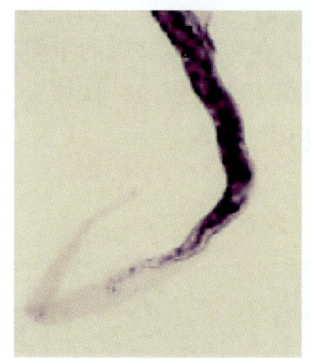
马来微丝蚴尾核
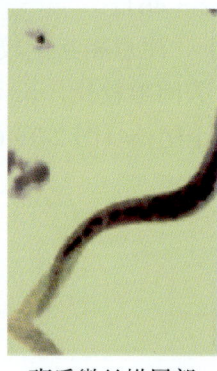
班氏微丝蚴尾部
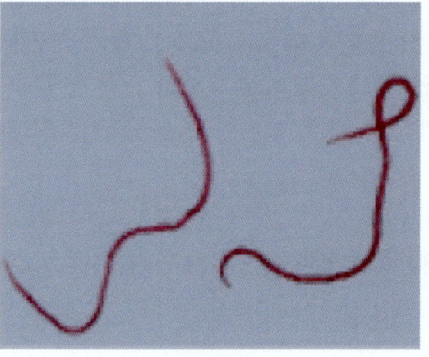
丝状蚴

丝状蚴自蚊口器逸出

图 2-3-46　丝虫各期形态

附：微丝蚴厚血膜涂片检查法（示教）（详见第二篇第一章）

六、旋毛形线虫（旋毛虫 *Trichinella spiralis*）

【实验目的】

1. 掌握旋毛形线虫幼虫囊包的形态特征。
2. 了解旋毛形线虫成虫的形态特征。
3. 了解肌肉压片检查旋毛形线虫幼虫囊包的方法。
4. 了解旋毛形线虫的生活史。

【实验内容】

1. 示教标本

成虫：虫体细长，雄虫大小为（1.40～1.60）mm×（0.04～0.06）mm，雌虫大小为（3.0～4.0）mm×0.06 mm，咽管总长占虫体体长的1/3～1/2，咽管后段的背面有一列圆盘状杆细胞组成的杆状体（图2-3-47）。

2. 自看标本　幼虫囊包染色玻片标本：低倍镜下观察，梭形囊包，其长轴与横纹肌肌纤维的长轴平行，一个囊内通常含1～2条盘曲的幼虫。随感染时间增长，囊包可逐渐钙化，此时囊包可不透明，虫体不易看清（图2-3-47）。

【思考题】

旋毛虫主要是哪个阶段致病？用什么方法检查？

附　肌肉压片法

用外科手术剪刀剪取米粒大小实验感染大白鼠的肌肉（膈肌较好）一块，置于一张载玻片中间，加一滴50%甘油，盖上另外一张载玻片，用手轻轻压制成片，置低倍镜下观察囊包，该法常用于肉类卫生检查和病原学诊断工作。

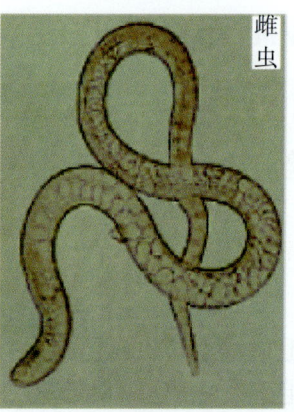

广州管圆线虫　　　　　　旋毛虫雌虫

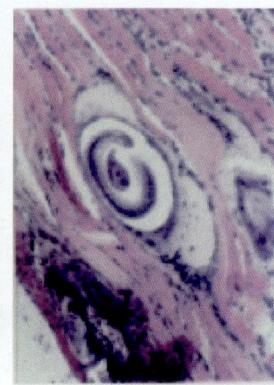
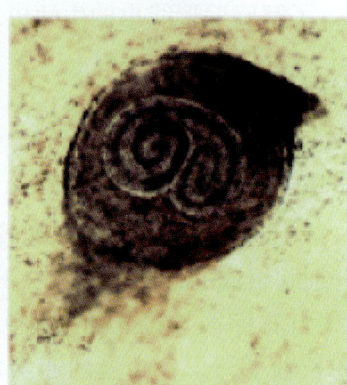

旋毛虫雄虫　　　　旋毛虫囊包　　　　旋毛虫囊包（肌压片）

图 2-3-47　线虫各期形态

实验十三　医学吸虫实验

一、华支睾吸虫（*Clonorchis sinensis*）

【实验目的】

1．掌握华支睾吸虫成虫和虫卵的形态特征。
2．掌握华支睾吸虫生活史各发育阶段及中间宿主。
3．了解华支睾吸虫对人体的危害以及检查方法。

【实验内容】

1．示教标本
（1）华支睾吸虫成虫（瓶装浸制标本）：肉眼观察，略呈灰白色（活时呈肉红色），前尖后钝,背腹扁平,形似葵花仁。隐约可见体内的部分结构,子宫呈黄褐色,卵巢、睾丸等部分呈白色。

(2) 华支睾吸虫成虫(染色玻片标本):可用放大镜观察,前端有1个口吸盘,虫体的前1/5处有1个腹吸盘。雌雄同体,腹吸盘后方依次排列有迂曲盘绕的子宫和分叶状卵巢。睾丸有2个,呈分支状前后排列,位于虫体后1/3。受精囊呈椭圆形,位于睾丸之前。卵黄腺位于虫体中部两侧。消化系可见咽、食管、两肠管,其末端为盲管(图2-3-48)。

(3) 第一中间宿主:豆螺或纹沼螺,为短圆锥形的小型螺类,注意其大小、形状及颜色。

(4) 第二中间宿主:淡水鱼类,如麦穗鱼、鲫鱼、青鱼(图2-3-48)。

(5) 囊蚴:呈椭圆形,囊壁较薄,幼虫体内可见一明显的椭圆形排泄囊,囊内充满黑色钙质颗粒(图2-3-48)。

(6) 成虫寄生肝的标本(瓶装浸制标本):在肝切面上可见肝胆管明显扩张,管壁增厚。有的胆管内有肝吸虫寄生。

2. 自看标本(玻片标本):华支睾吸虫卵是蠕虫卵中最小者。低倍镜下似芝麻粒,高倍镜下似小电灯泡,呈黄褐色。卵壳前端稍窄,有明显的卵盖,与卵盖相接处的卵壳略增厚形成肩峰。后端钝圆,常可见一逗点状突起小疣。卵内含有一毛蚴(图2-3-48)。

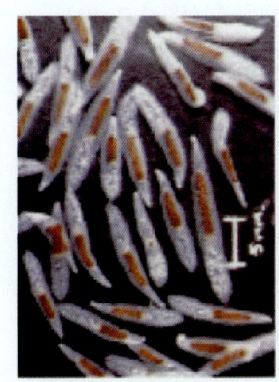 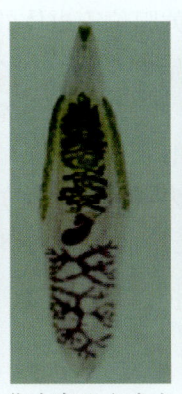 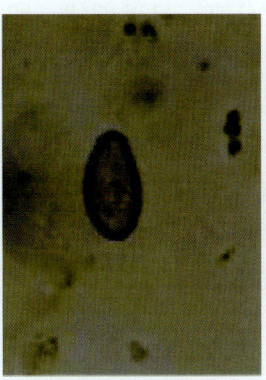 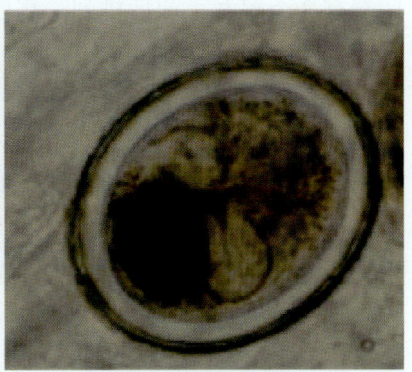

华支睾吸虫成虫　　华支睾吸虫成虫　　华支睾吸虫虫卵　　华支睾吸虫囊蚴

图2-3-48　华支睾吸虫各期的形态

【思考题】

华支睾吸虫病原检查方法有哪些?

二、布氏姜片吸虫（*Fasciolopsis buski*）

【实验目的】

1. 了解布氏姜片吸虫虫卵的形态特征。
2. 了解布氏姜片吸虫成虫的形态、传播媒介和中间宿主。

【实验内容】

1. 示教标本

（1）布氏姜片吸虫成虫（瓶装浸制标本）：肉眼观察，布氏姜片吸虫成虫活时呈肉红色，固定后呈灰白色，虫体肥厚似一生姜片。虫体前端的小孔为口吸盘，腹面近前方可见一较大而明显的孔，为其腹吸盘，腹吸盘远远大于口吸盘为布氏姜片吸虫的特点。

（2）布氏姜片吸虫成虫（染色玻片标本）：肉眼观察标本，分清虫体前后端，用放大镜由前向后依次观察。口吸盘位于虫体的最前端，较小，呈圆形。腹吸盘较大，呈漏斗状，距口吸盘甚近。在口吸盘的下方有一球形的咽，食管短。在腹吸盘前，肠管分为两支，沿虫体两侧呈波浪状后行，至虫体末端形成盲端。子宫位于虫体中部，呈黄色，盘曲在卵巢与腹吸盘之间。在子宫的下方有一圆形的梅氏腺，在其右侧可见一分支的卵巢，染成红色。虫体的后端有 2 个睾丸，前后排列，高度分支，呈珊瑚状。卵黄腺位于虫体的两侧（图 2-3-49）。

（3）扁卷螺（瓶装浸制标本）：为布氏姜片吸虫的中间宿主，是小型淡水螺。壳扁平，呈暗褐色。

（4）水生植物（瓶装浸制标本）：荸荠、菱角、茭白等。

2. 自看标本：布氏姜片吸虫卵形态观察：虫卵大小为（130～140）μm×（80～85）μm，为人体寄生蠕虫卵中最大的，呈椭圆形，淡黄色，卵壳薄而均匀，卵盖小，卵内有一个尚未分裂的卵细胞和 20～40 个卵黄细胞（图 2-3-49）。

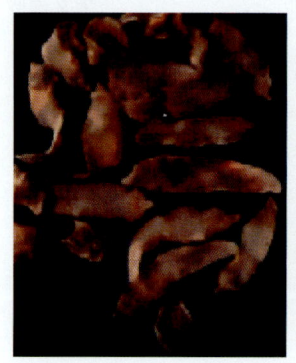 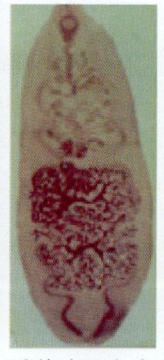 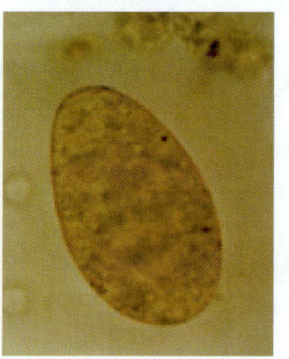

布氏姜片吸虫成虫　　布氏姜片吸虫成虫　　布氏姜片吸虫虫卵

图 2-3-49　布氏姜片各期的形态

【思考题】

布氏姜片吸虫感染后，为何在儿童中症状较明显？

三、卫氏并殖吸虫和斯氏并殖吸虫

（*Paragonimus westermani*、*Pagumogonimus skrjabini*）

【实验目的】

1. 掌握卫氏并殖吸虫成虫、虫卵的特征。
2. 了解卫氏并殖吸虫囊蚴和中间宿主。
3. 了解斯氏并殖吸虫。

【实验内容】

1. 示教标本

（1）卫氏并殖吸虫成虫（瓶装浸制标本）：甲醛固定后，成虫呈砖灰色，椭圆形，背面隆起，腹面扁平，长为宽之比为 2∶1，口吸盘位于虫体前顶端，腹吸盘在虫体腹面中横线前缘。

（2）卫氏并殖吸虫成虫（染色玻片标本）：低倍镜观察，虫体呈椭圆形，虫体前顶端有一口吸盘，虫体中部稍前缘有一腹吸盘，口吸盘、腹吸盘大小略相似。虫体两侧缘从前端至后端染成棕黄色呈颗粒状者为卵黄腺。肠管分两支，形成数个明显弯曲，沿虫体两侧后行，末端为盲端。在虫体中部的一侧有一团黄色的子宫，对侧有 1 个分 5～6 叶的卵巢，卵巢与子宫并列于腹吸盘之后。其后下方为 2 个分支如指状的睾丸，左右并列于虫体后 1/3 处。雌性生殖器官与雄性生殖器官皆左右并列是并殖吸虫形态构造上的主要特征（图 2-3-50）。

（3）斯氏并殖吸虫成虫（瓶装浸制标本）：虫体窄长，两端较尖。虫体宽与长之比为 1∶（2.4～3.2）。腹吸盘多位于虫体前 1/3 交界处。

（4）第一中间宿主：川卷螺，螺体大小中等，呈长圆锥形，褐色，壳顶常因生活在溪流中与溪石碰撞而损蚀不全，故又称秃顶螺。

（5）第二中间宿主：石蟹、蝲蛄，均为淡水中生长的甲壳动物。

（6）卫氏并殖吸虫囊蚴：肉眼可见乳白色球形，较大，直径 300～400 μm，囊壁较厚。低倍镜可见囊壁分内外两层，幼虫卷曲其内，幼虫的两侧有显著折叠的肠管迂曲后行，至末端为盲端，两肠管之间被排泄囊充满，其内为黑褐色颗粒（图 2-3-50）。

（7）卫氏并殖吸虫寄生在犬肺的大体标本：肺部有数个囊肿，在剖开的囊肿内有虫体。

2. 自看标本：卫氏并殖吸虫卵：先在低倍镜下找到虫卵，再换高倍镜观察。虫卵呈金黄色，椭圆形，两侧多不对称，前端较宽，后端较窄，大小为（80～118）μm×（48～60）μm。较宽一端有卵盖，卵盖较大，常稍倾斜，少数虫卵也可缺卵盖。卵壳厚薄不均，卵内含 1 个卵细胞和 10 余个卵黄细胞。特点为虫卵左右不对称。斯氏并殖吸虫与卫氏并殖吸虫的虫卵形态特征基本相同，但斯氏并殖吸虫虫卵的形状不对称、卵壳厚薄不均没有卫氏并殖吸虫显著。其大小因地区差异而较大（图 2-3-50）。

麦穗鱼

斯氏狸殖吸虫

斯氏狸殖吸虫

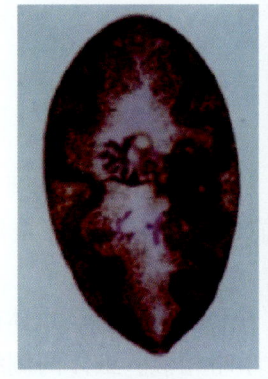
卫氏并殖吸虫

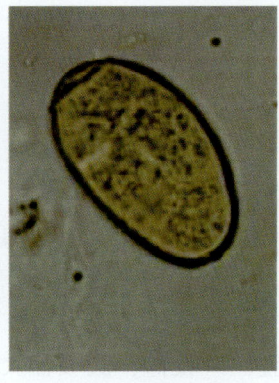
卫氏并殖吸虫卵

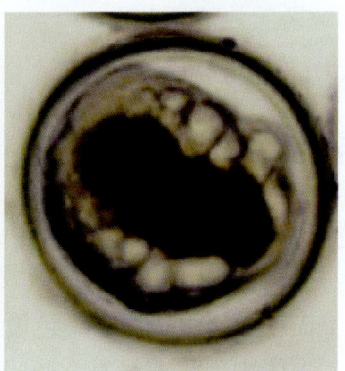
肺吸虫囊蚴

图 2-3-50　主要吸虫各期的形态

【思考题】

从感染者的哪些排泄物中可能查到卫氏并殖吸虫卵？为什么？

四、日本血吸虫（*Schistosoma japonicum*）

【实验目的】

1. 掌握日本血吸虫卵的形态特征和钉螺的外形特点。
2. 了解日本血吸虫成虫、尾蚴、毛蚴的形态特征。
3. 了解毛蚴孵化法、环卵沉淀试验的操作方法。

【实验内容】

1．示教标本

（1）日本血吸虫成虫（瓶装浸制标本）：为灌洗实验感染血吸虫的家兔肠系膜静脉和门静脉获得的成虫，保存在10%甲醛溶液中。

肉眼观察：血吸虫雌雄异体（与其他吸虫不同），呈雌雄合抱状态。雄虫体较短粗，乳白色，大小为（10～22）mm×（0.50～0.55）mm，常向腹侧弯曲呈镰刀状，自腹吸盘后虫体向两侧伸展，并向中线卷折形成抱雌沟。雌虫细长，大小（12～28）mm×（0.1～0.3）mm。前细后粗，虫体后部常因肠管内含较多的宿主红细胞消化后剩余的物质而呈灰褐色。

（2）日本血吸虫成虫（染色玻片标本）：低倍镜下观察。注意观察成虫的口吸盘、腹吸盘和雄虫的抱雌沟。在雄虫的腹吸盘之后的虫体背面有串珠状单行排列的睾丸，约7个（图2-3-51）。在雌虫虫体中部稍后可见长椭圆形的卵巢，卵巢之前为长而直的管状子宫。肠在腹吸盘前分为左右2支，于虫体中部之后汇合为单一盲管。

（3）毛蚴（低倍镜）：注意大小及形状，周身披有纤毛。

（4）尾蚴（低倍镜）：尾蚴身体分为两部，体部呈长梨形；尾部细长，分尾干和尾叉（图2-3-51）。

（5）钉螺：似小圆锥形，长7～10 mm，有6～8个螺层。在我国，有光壳钉螺和肋壳钉螺两种。

（6）日本血吸虫病兔肠系膜：肉眼观察肠系膜静脉中乳白色或黑褐色的血吸虫成虫。在肠壁浆膜上有许多淡黄色粟粒大小的结节。其结节是由虫卵引起的肉芽肿。

（7）血吸虫病兔肝：肉眼观察。肝表面有许多灰白色粟粒大小的虫卵结节。

2．自看标本：生理盐水直接涂片法观察日本血吸虫虫卵形态，先用低倍镜查找，后用高倍镜仔细观察。虫卵呈椭圆形，淡黄色。壳薄，无卵盖，卵的一侧有一逗点状小棘（有时由于位置关系看不到），卵壳表面往往附有宿主组织残渣。成熟虫卵内含有一个毛蚴及几团油滴状毛蚴分泌物。注意本虫卵与其他虫卵，特别是脱蛋白质膜的受精蛔虫卵的鉴别（图2-3-51）。

【思考题】

常用的日本血吸虫病病原学检查方法有哪些？

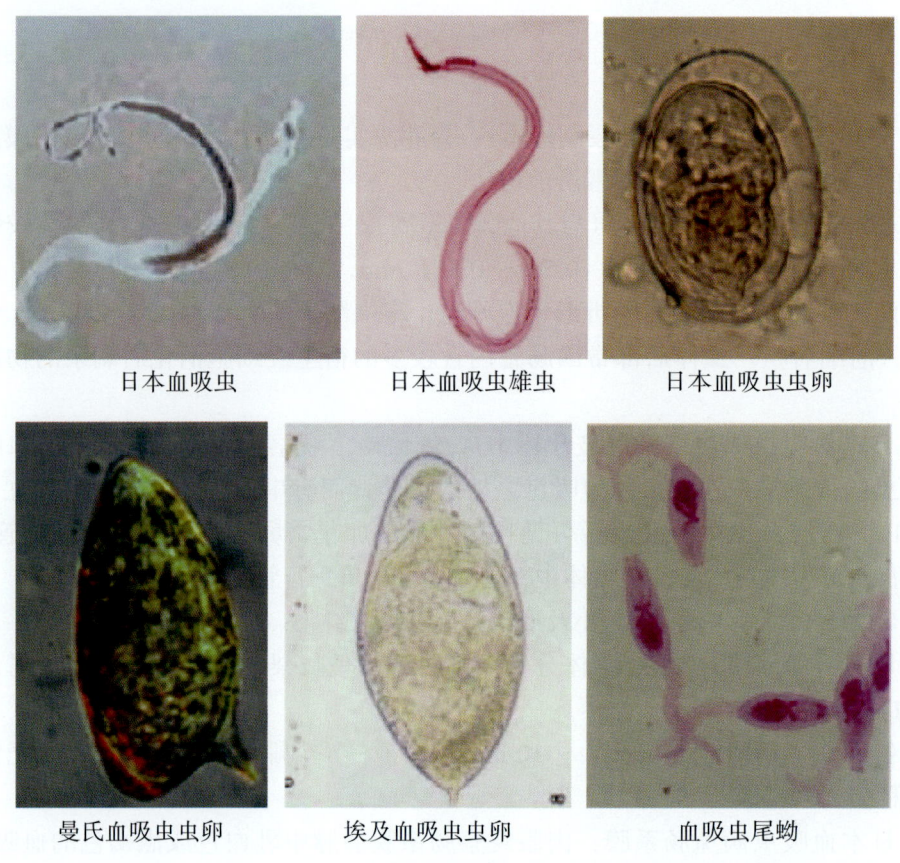

图 2-3-51　血吸虫各期的形态

（从左到右，从上到下：日本血吸虫、日本血吸虫雄虫、日本血吸虫虫卵、曼氏血吸虫虫卵、埃及血吸虫虫卵、血吸虫尾蚴）

附1　毛蚴孵化法

【实验原理】

运用血吸虫卵内毛蚴在温度 25～30℃，pH 7.5～7.8 的清水中，能在短时间内孵化，肉眼观察孵出的毛蚴在水面呈直线运动。本实验把较大量粪便经自然沉淀法或用尼龙绢筛集卵法联用，再行毛蚴孵化，显著提高检出率。

【实验材料】

量杯、网筛、玻璃杯、玻璃棒、尼龙绢筛、孵化瓶、三角烧杯、毛细滴管、放大镜、去氯清水、带光源的恒温箱。

【操作方法】

1. 取粪便约 30 g，先经自然沉淀法或者尼龙绢筛集卵法浓集处理，将粪便沉渣倒入三角烧瓶内，加清水（城市中需用去氯水）至瓶口，置于带光源的恒温箱，在 25～30℃ 的条件下孵化 4 h 左右查毛蚴。

2. 如为阴性继续孵化，于孵化 8 h、20 h 左右再各检查 1 次，仍为阴性，则报告为阴性。

3. 检查时面向光源，瓶后置一黑色背景，双目平视瓶颈 2～3 cm 范围的水体，如见针尖大小、梭形、乳白色半透明，作水平直线运动即可能是血吸虫毛蚴（注意与水中飘浮的沉渣和其他生物区别），必要时，用毛细滴管吸出，滴于载玻片，低倍镜下观察。

附 2 环卵沉淀试验

【实验原理】

成熟血吸虫卵内可溶性虫卵抗原从卵壳微孔渗出与血吸虫患者血清中抗体相结合时，在虫卵外周形成各种形式的特异性免疫复合物沉淀，即为阳性反应；虫卵在无血吸虫感染者的血清中，因血清中不存在特异性抗体，故在虫卵外周不出现特异性沉淀物，即为阴性反应。该试验操作简便、敏感性高，为临床提供治疗依据，用作疗效考核、流行病学调查以及疫情监测。

【实验材料】

标本待检血清（血吸虫病兔血清）、血吸虫冻干虫卵、标准阴性及阳性血清、恒温培养箱、显微镜、盖玻片、载玻片、滴管、石蜡、解封针。

【操作方法】

1. 用熔化的石蜡在洁净的载玻片上划两条相距 20 mm 的蜡框线，在其间滴加受试者血清（本实验用血吸虫病兔血清）。

2. 用针尖挑取日本血吸虫干卵 100～150 个（或用滴管吸取鲜卵混悬液一小滴，含卵 100 个左右）。加入血清中混匀，覆盖 24 mm×24 mm 盖玻片。

3. 四周用石蜡（或凡士林）密封，防止液体蒸发及细菌繁殖，置于 37℃ 温箱中，经 48～72 h，低倍镜观察。

4. 结果判定

（1）阴性反应：虫卵周围光滑，无沉淀物或仅有小于 10 μm 的泡状沉淀物。

（2）阳性反应和环沉率

"+"：虫卵外周出现泡状、指状沉淀物，其面积小于虫卵面积的 1/2；带状沉淀物小于虫卵的长径，片状沉淀物大于虫卵大小的 1/2。

"++"：虫卵周围出现泡状、指状沉淀物，其面积大于虫卵面积的 1/2；带状沉淀物相当或超过虫卵的长径；片状沉淀物大于虫卵大小的 1/2。

"+++"：虫卵周围出现泡状、指状沉淀物，其面积大于虫卵面积；带状沉淀物相当或超过虫卵长径的 2 倍；片状沉淀物相当于或超过虫卵的大小。

凡反应阳性者，记录环沉率（100 个成熟虫卵中出现沉淀物的虫卵数），凡环沉率>5% 者，可报告为阳性，1%～4% 者为弱阳性，环沉率在治疗上具有参考意义。

实验十四　医学绦虫实验

一、链状带绦虫与肥胖带绦虫

（猪带绦虫 *Taenia solium*，牛带绦虫 *Taenia saginata*）

【实验目的】

1. 掌握链状带绦虫与肥胖带绦虫的形态和鉴别要点。
2. 掌握链状带绦虫虫卵的形态特征。
3. 了解囊尾蚴形态、米牛肉和米猪肉的特征。

【实验内容】

1. 示教标本

（1）肥胖带绦虫成虫大体标本（瓶装浸制标本）：虫体呈白色带状，体长 4～8 m，节片较厚，不透明。头节呈方形，颈部纤细不分节，幼节宽大于长，成节近方形，孕节宽小于长，节片总数可达 1000～2000。

（2）链状带绦虫成虫大体标本（瓶装浸制标本）：虫体呈乳白色，长 2～4 m，节片较薄，半透明。头节呈圆球形。其未成熟节片宽度大于长度，成熟节片宽度与长度相等，妊娠节片则长度大于宽度。

（3）链状带绦虫头节（染色玻片标本）：低倍镜观察，呈圆球状，具 4 个吸盘，顶端具顶突，顶突上有 2 圈小钩（图 2-3-52）。

（4）肥胖带绦虫头节（染色玻片标本）：低倍镜观察，近似方形，具 4 个吸盘，无顶突和小钩（图 2-3-52）。

（5）链状带绦虫成节染色标本（示教）：卵巢分 3 叶。

（6）肥胖带绦虫成节染色标本（示教）：卵巢分 2 叶。

（7）链状带绦虫孕节标本（低倍镜观察）：为长方形，内部主要是树根状分支的子宫，子宫内充满虫卵。子宫分支较清晰，每侧分支数为 7～13 支（从侧支基部计数，侧支的再分支不计在内）。在制成的标本中，子宫内由于注入了墨汁，故子宫主干及其分支是墨黑色（图 2-3-52）。

（8）肥胖带绦虫孕节墨汁注射玻片标本（肉眼观）：中间为子宫主干，两侧为子宫分支，子宫分支较整齐，子宫一侧分支数，为 15～30 支。在制成的标本中，子宫内由于注入了黑色墨汁，故子宫主干及其分支是墨黑色（图 2-3-52）。

（9）囊尾蚴浸制标本：卵圆形，乳白色，半透明，黄豆般大小，囊内充满液体，囊壁上的白色圆点是内缩的头节。

（10）猪、牛肉中的囊尾蚴，即"米猪肉""米牛肉"（图 2-3-52）。

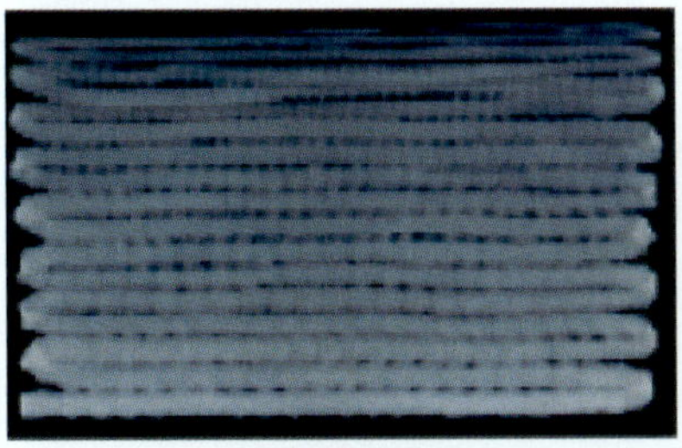

牛带绦虫成虫 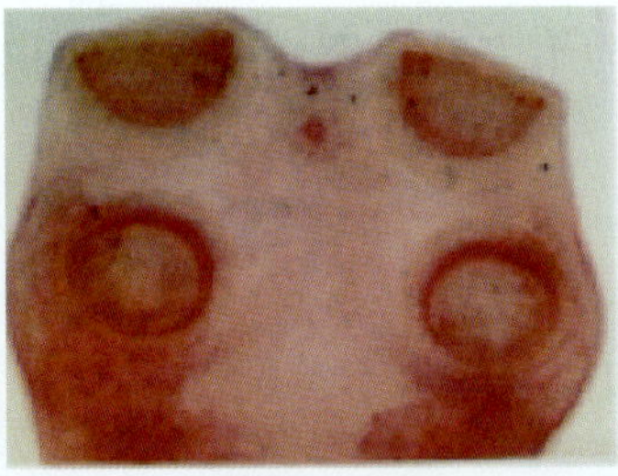　　　牛带绦虫头节 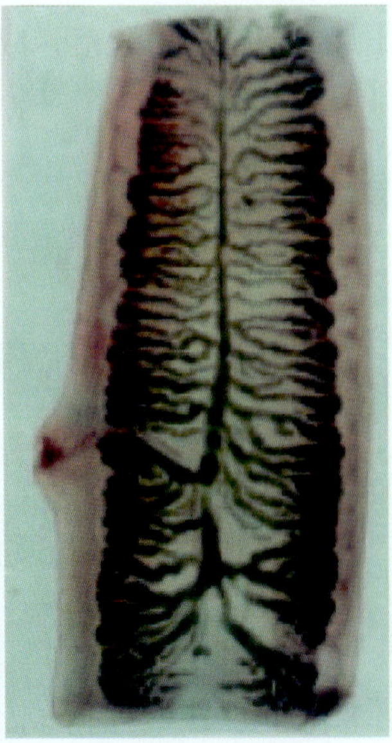　　　牛带绦虫孕节

带绦虫卵 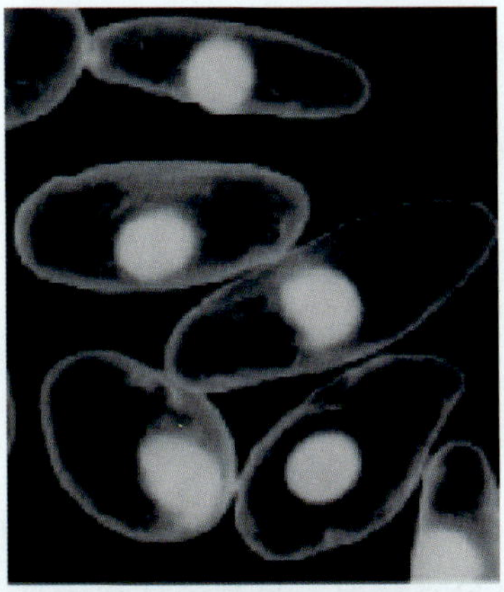　　　囊尾蚴

猪带绦虫成虫 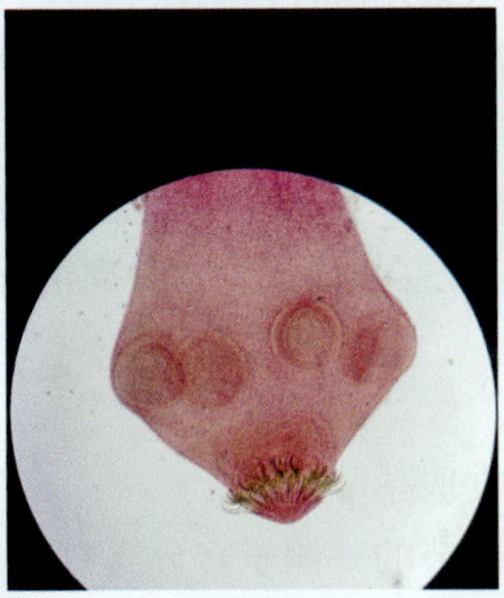　　　猪带绦虫头节 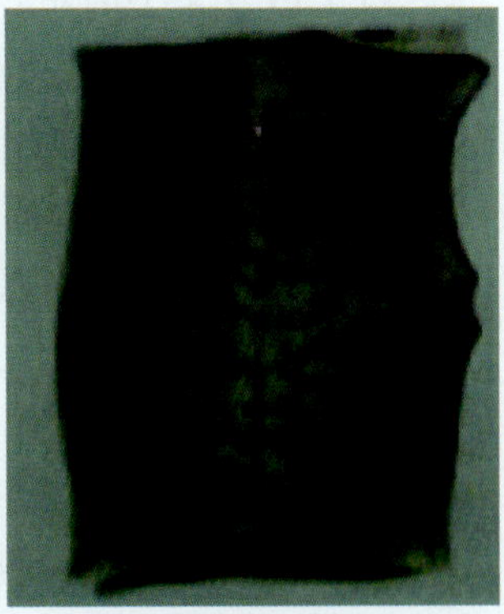　　　猪带绦虫孕节

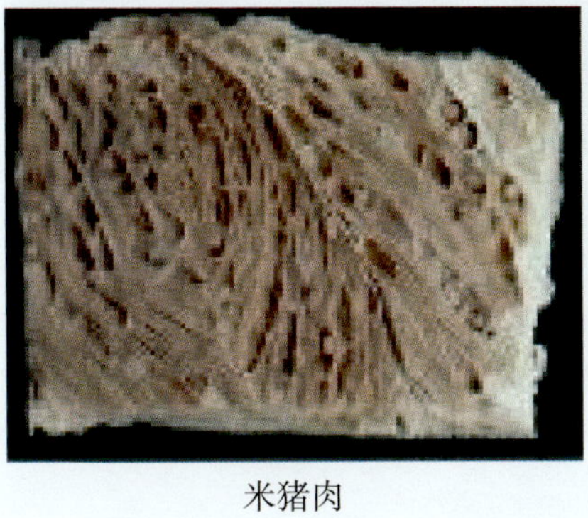

米猪肉

图 2-3-52　主要绦虫各期的形态

2. 自看标本：链状带绦虫虫卵：虫卵呈球形或近球形，直径 31～43 μm，卵壳薄而透明，易脱落。内为胚膜，较厚，棕黄色，光镜下呈放射状条纹。内含六钩蚴。虫卵自孕节散出后，卵壳多已脱落，成为不完整虫卵。两种带绦虫卵形态相似，光学显微镜下不能区分（图 2-3-52）。

【思考题】

链状带绦虫和肥胖带绦虫有哪些形态鉴别点？

附　带绦虫孕节片检查法

【实验原理】

带绦虫孕节里子宫分支的排列方式和分支数目可以确定虫种。

【实验材料】

带绦虫孕节、生理盐水、载玻片、镊子、墨汁、注射器、滤纸等。

【操作方法】

1. 夹取带绦虫孕节，用生理盐水洗净后置于两张载玻片之间，轻压，玻片两端用线绕紧固定，对光观察每一侧子宫分支情况，自基部计数子宫一级分支数目，以确定虫种。
2. 若子宫分支不清楚，可采用墨汁注射法。

生理盐水洗后的带绦虫孕节置于滤纸上，吸干虫体表面的水分。用 1 ml、5 号针头的皮试注射器，抽取少许黑色墨汁，从孕节中央子宫一端进针，缓慢推注墨汁于子宫腔内，待墨汁进入各子宫分支。用清水洗去多余墨汁后置于滤纸上吸干虫体表面的水分，再将孕节置于两载玻片之间轻压固定。观察并计数子宫分支情况，鉴定虫种。

【注意事项】

1. 戴好手套，用小镊子夹取孕节节片。
2. 轻轻加压，对光观察孕节的一侧子宫分支数。
3. 有些带绦虫卵对人具有感染性，操作过程中应防止虫卵污染与扩散。
4. 操作完毕全部器械煮沸消毒，流水充分洗手。

二、细粒棘球绦虫（*Echinococcus granulosus*）

【实验目的】

1. 掌握细粒棘球绦虫棘球蚴的形态结构及其寄生部位。
2. 了解细粒棘球绦虫成虫的形态。

【实验内容】

示教标本

1. 细粒棘球绦虫成虫（染色玻片标本）：虫体长 2～7 mm，由 3～4 个节片组成，头节梨形，有顶突和 4 个吸盘，顶突上有 2 圈小钩，孕节内的子宫具不规则的囊状侧突（图 2-3-53）。

2. 棘球蚴砂：高倍镜下观察取自棘球蚴的囊液，注意观察生发囊及生发囊内的原头蚴。原头蚴（原头节）上有吸盘、顶突和小钩（图 2-3-53）。

3. 棘球蚴寄生于骆驼肝的大体标本：棘球蚴大小不等，为充满液体的乳白色囊，囊壁有两层，外层是乳白色的角质层，较厚如粉皮状。内层是紧贴于角质层内面很薄的一层，又称生发层，由它生长出生发囊，生发囊内可再生出原头蚴等。囊内有淡黄色的棘球蚴液。

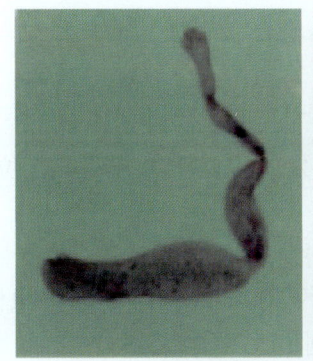
细粒棘球绦虫

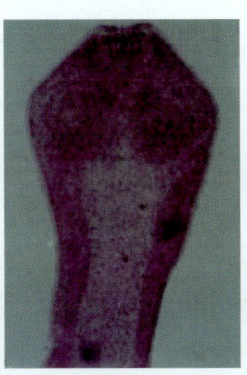
细粒棘球绦虫头节

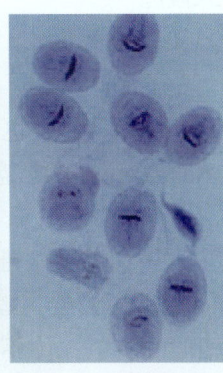
细粒棘球绦虫原头蚴

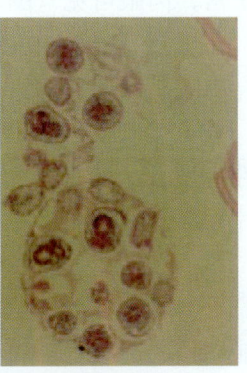
棘球蚴切片

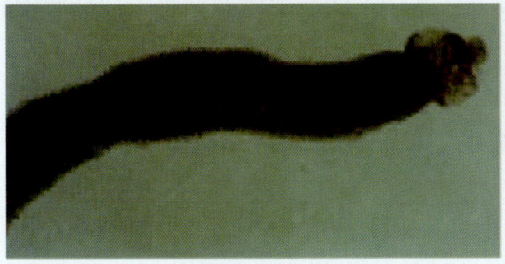
微小膜壳绦虫

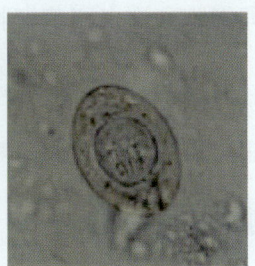
微小膜壳绦虫卵

图 2-3-53　细粒棘球绦虫各期的形态

【思考题】

人是如何感染棘球蚴的？主要诊断方法是什么？

三、曼氏迭宫绦虫（Spirometra mansoni）

【实验目的】

1. 掌握曼氏迭宫绦虫裂头蚴、虫卵的形态特点。
2. 了解曼氏迭宫绦虫成虫。

【实验内容】

1. 示教标本

（1）曼氏迭宫绦虫成虫：体长为 60～100 cm，头节细小，其背腹面各有一条纵行的吸槽，颈部细长。链体节片宽度大于长度，成节和孕节结构基本相似，每个节片中部有凸起的子宫，肉眼可见（图 2-3-54）。

（2）曼氏迭宫绦虫头（染色玻片标本）：低倍镜下见头节呈指状，其背、腹面各有一条纵行的吸槽（图 2-3-54）。

（3）曼氏迭宫绦虫成节（孕节）（染色玻片标本）：低倍镜下，节片中轴线由前往后有雄性生殖孔、雌性生殖孔和子宫孔。子宫盘曲于节片中部，呈发髻状。卵巢分两叶，位于节片后部。

（4）曼氏迭宫绦虫第一中间宿主剑水蚤（染色玻片标本）（图 2-3-54）。

（5）寄生于蛙肌肉中的裂头蚴：裂头蚴为白色、长带形、约 300 mm × 0.7 mm 的虫体。体前端稍大，具有与成虫相似的头节，体不分节，但具有不规则横纹（图 2-3-54）。

2. 自看标本：曼氏迭宫绦虫卵：椭圆形，两端稍尖，浅灰褐色，卵壳较薄，一端有卵盖，内含 1 个卵细胞和许多卵黄细胞（注意该虫卵与卫氏并殖吸虫卵的鉴别）（图 2-3-54）。

【思考题】

人是怎样感染裂头蚴的？裂头蚴对人体有哪些危害？

附 解剖青蛙找裂头蚴

用小锥从枕骨大孔刺入，处死青蛙。使蛙腹朝上，四肢伸展，固定在解剖板上，剪开腹部皮肤，剥去外皮，在肌肉束间寻找裂头蚴，观察幼虫的形态、大小、颜色和活力。

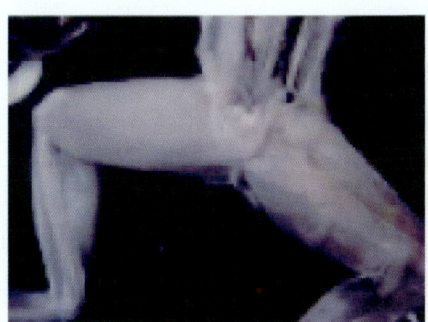
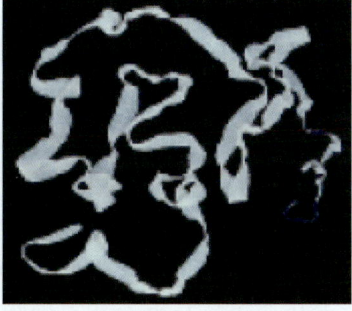
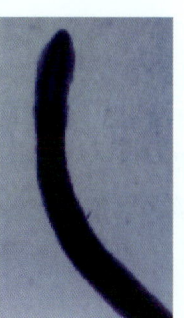

蛙肌肉中的裂头蚴　　　　　曼氏迭宫绦虫成虫　　　　　头节

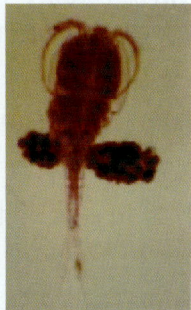

曼氏迭宫绦虫卵　　　剑水蚤　　　　　　裂头蚴

图 2-3-54　曼氏迭宫绦虫各期的形态

实验十五　医学原虫实验

一、溶组织内阿米巴（*Entamoeba histolytica*）

【实验目的】

1．掌握溶组织内阿米巴滋养体和包囊的形态特征。
2．掌握碘液染色法检查溶组织内阿米巴包囊的方法。
3．了解溶组织阿米巴与非致病阿米巴的形态区别。

【实验内容】

1．示教标本

（1）溶组织内阿米巴滋养体（铁苏木染色）：先在低倍镜下找到清晰的视野，转换到高倍镜见到蓝黑色、边界清楚的圆形或椭圆形小体，移至视野中央在油镜下观察。注意内外质的区别，外质无色透明，伪足不明显；内质为蓝黑色颗粒状，可见蓝黑色的圆形红细胞。核1个，球形、车轮状，核膜内缘有一层分布均匀、大小一致的核周染色质粒，核仁

1个，小且居中（图2-3-55）。

（2）溶组织内阿米巴包囊（铁苏木染色）：观察方法同滋养体。包囊圆球形，蓝褐色，囊壁不着色。囊内可见，1~4个核，核与滋养体相似但稍小，由于核多不在同一平面上，故需调节细准焦螺旋才能全部看清楚。拟染色体为深黑色、短棒状，糖原泡空泡状，成熟的四核包囊拟染色体和糖原泡一起消失（图2-3-55）。

（3）结肠内阿米巴包囊（铁苏木染色）：观察方法同滋养体。圆球形，较溶组织内阿米巴大，包囊直径为10~35μm，细胞核1~8，核仁大而偏位，核周染粒大小不一致，排列不齐。拟染色体呈草束状。成熟包囊有8个细胞核（图2-3-55）。

（4）阿米巴痢疾肠病理切片（HE染色）：低倍镜下观察。阿米巴侵入黏膜下形成口小底大的烧瓶样溃疡，溃疡底部可彼此融合成大溃疡，溃疡间的黏膜正常。可查见滋养体。

2．自看标本

（1）活的溶组织内阿米巴滋养体：体外培养标本，用生理盐水直接涂片，高倍镜观察。因室温太低或标本放置过久，虫体活动迟缓，观察要及时，注意保温。低倍镜下找到虫体，高倍镜下观察虫体的形态及活动，常可看到外质伸出舌状或叶状的伪足，内质随之流入伪足，即为阿米巴运动。

（2）溶组织内阿米巴包囊（碘液染色）：取含包囊的粪便涂片，碘液染色，高倍镜观察。低倍镜找到棕黄色的圆球形小体，转至高倍镜观察，囊壁厚，可见1~4个反光的核，胞

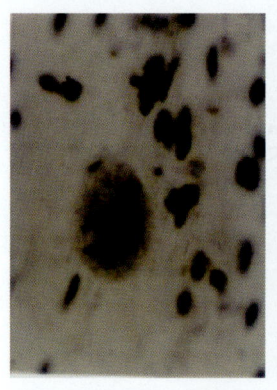
溶组织内阿米巴滋养体

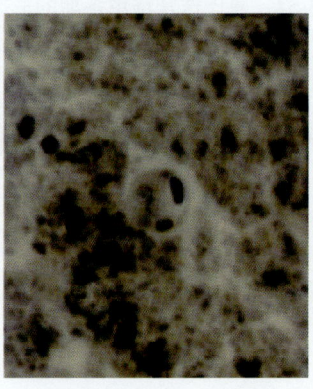
溶组织内阿米巴包囊

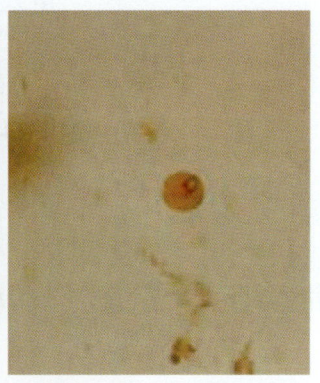
溶组织内阿米巴包囊（碘染）

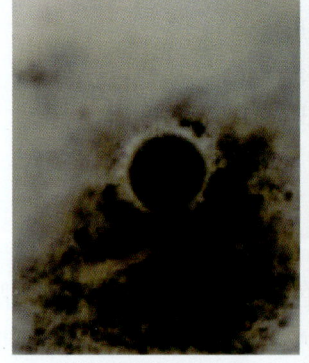
结肠内阿米巴包囊

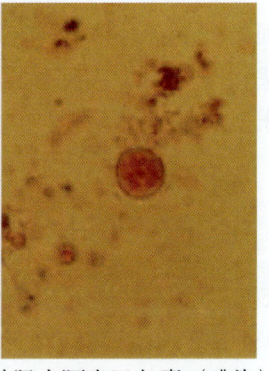
结肠内阿米巴包囊（碘染）

图2-3-55 阿米巴原虫形态

质金黄色，糖原泡呈棕黄色，拟染色体呈透明的棒状或点状。注意观察包囊的大小、颜色、核和糖原泡等结构（图 2-3-55）。

【思考题】

对溶组织内阿米巴痢疾急性患者、慢性患者和带虫者的粪便各用何种方法作病原学诊断？

附　碘液涂片染色法查包囊

【实验原理】

原虫的包囊被碘液染色后，胞核被显现出来，可以提高检出率并进行鉴别诊断。

【实验材料】

载玻片、碘液、竹签、盖玻片、滤纸。

【操作方法】

取一张干净的载玻片，滴 1 滴碘液于载玻片的中央，用竹签蘸取粪便少许，均匀涂抹于碘液中，厚度以透过涂片隐约能看清楚书上的字迹为宜。取一块盖玻片盖上，待检。

【注意事项】

1．碘液染色必须加盖片，以防止碘升华损伤物镜；勿用油镜观察碘液染色的标本。

2．观察碘染色标本时，载物台要放平，光线稍强，并耐心寻找，尤其较小的包囊更需耐心。

3．将使用后的竹签和玻片放在指定的地方。

二、杜氏利什曼原虫（*Leishmania donovani*）

【实验目的】

1．掌握杜氏利什曼原虫无鞭毛体的形态特征。

2．了解前鞭毛体的形态特征，了解黑热病的传播媒介中华白蛉。

【实验内容】

1．示教标本

（1）前鞭毛体（瑞特染液染色）：油镜观察。成熟的虫体呈梭形或纺锤形，胞质淡蓝色，中部有一较大的圆形核，呈红色或淡紫色。动基体在虫体前端，细小杆状，着色深；基体位于动基体之前，向前发出一根弯曲的鞭毛游离于虫体外，长度与体长接近（图 2-3-56）。在培养基内前鞭毛体前端常聚集成团，排成菊花状。

(2) 中华白蛉：低倍镜观察。体长 1.5～3.5 mm，驼背状，灰黄色，全身布满细毛，足细长。

2. 自看标本

无鞭毛体（瑞特染液染色）：标本取自患者或实验感染田鼠的骨髓、淋巴结、肝、脾，油镜观察。油镜下先找到紫红色大核的巨噬细胞，虫体圆形或椭圆形，常可见紫红色圆形的核，多位于虫体的一侧，动基体位于核旁。着色和前鞭毛体相同（图 2-3-56）。

无鞭毛体寄生于巨噬细胞胞质内，寄生数目不等。制片时，巨噬细胞常被破坏，无鞭毛体游离于细胞外，结构清晰，注意与血小板鉴别。血小板位于细胞间，形态不规则，常聚集成堆或团块，淡紫红色，无明显的结构。

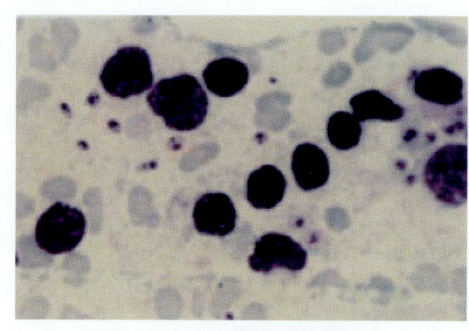 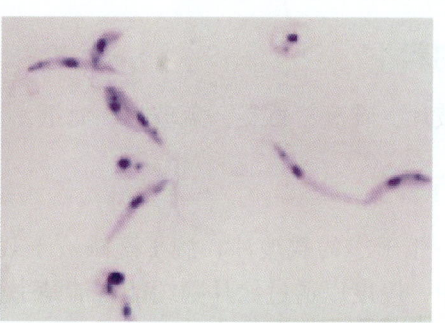

杜氏利什曼原虫无鞭毛体　　　　　　　杜氏利什曼原虫前鞭毛体

图 2-3-56　杜氏利什曼原虫形态

【思考题】

杜氏利什曼原虫导致贫血的机制是什么？

三、蓝氏贾第鞭毛虫（*Giardia lamblia*）

【实验目的】

了解蓝氏贾第鞭毛虫滋养体和包囊的形态特征。

【实验内容】

1. 示教标本

(1) 蓝氏贾第鞭毛虫滋养体（吉姆萨染色）：油镜观察。虫体呈纵切为两半倒置的梨形，左右对称，前端宽钝，尾端尖细，背部隆起，腹部扁平，腹部前半部凹陷成吸盘。细胞 1 对，泡状卵圆形，位于虫体前端 1/2 的吸盘处。鞭毛 4 对，由两核间靠前端的基体发出，分前侧、后侧、腹侧和尾侧鞭毛；轴柱 1 对，平行沿中线向尾部延伸；中体 1 对，呈爪状，与轴柱 1/2 处相交（图 2-3-57）。

（2）蓝氏贾第鞭毛虫包囊（铁苏木染色）：油镜观察。虫体呈椭圆形，蓝黑色。囊壁厚，与虫体间有明显的间隙。细胞核 2～4 个，胞质内可见中体和鞭毛的早期结构（图 2-3-57）。

2．自看标本：蓝氏贾第鞭毛虫包囊（碘染色）：高倍镜观察。形态同铁苏木精染色，虫体呈棕黄色，细胞核反光发亮。

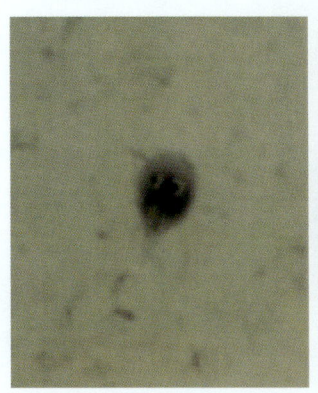
蓝氏贾第鞭毛虫滋养体
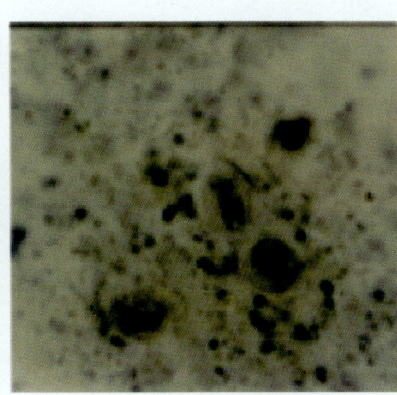
蓝氏贾第鞭毛虫包囊
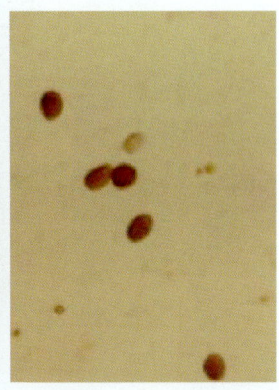
蓝氏贾第鞭毛虫包囊（碘染）

图 2-3-57　蓝氏贾第鞭毛虫形态

【思考题】

蓝氏贾第鞭毛虫病有哪些病原学诊断方法？

四、阴道毛滴虫（*Trichomonas vaginalis*）

【实验目的】

1．掌握阴道毛滴虫的形态特征。
2．了解阴道毛滴虫的活动情况。

【实验内容】

1．示教标本

（1）阴道毛滴虫滋养体（吉姆萨染色）：油镜观察。虫体呈梨形，椭圆形泡状胞核 1 个，紫红色，位于虫体前端 1/3 处。核的上缘有 5 颗排列成杯状的基体，由此发出 4 根前鞭毛和 1 根后鞭毛；波动膜位于体外侧前 1/2，外缘与后鞭毛相连；轴柱 1 根，贯穿虫体，从虫体末端伸出（图 2-3-58）。

（2）活的阴道毛滴虫滋养体：人工培养，生理盐水直接涂片，高倍镜观察。虫体无色透明，体态多变，活动力强，借助鞭毛和波动膜作旋转运动。

2．自看标本：阴道毛滴虫滋养体（吉姆萨染色）：油镜观察。形态特征同前述。

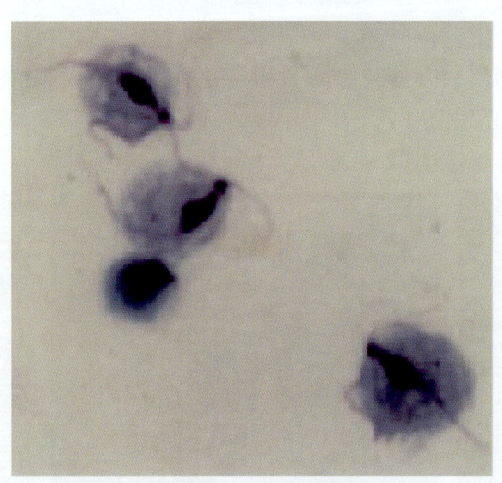

图 2-3-58　阴道毛滴虫形态

【注意事项】

临床查活体阴道毛滴虫滋养体，女性取材部位在阴道后穹隆，送检物注意保温，及时送检。

【思考题】

如何诊断滴虫性阴道炎？

五、疟原虫（*Plasmodium*）

【实验目的】

1．掌握间日疟原虫在红细胞内各期的形态特征、恶性疟原虫环状体和配子体的形态特征。

2．掌握薄血膜的推片和染色过程。

【实验内容】

1．示教标本

油镜观察。均为吉姆萨染色的薄血膜涂片标本：疟原虫特征：①寄生在红细胞内；②胞核染为紫红色；③胞质染为浅蓝至深蓝色；④胞质中的疟色素棕黄色；⑤被寄生的红细胞可发生形态的变化。

(1) 间日疟原虫环状体（早期滋养体）：虫体胞质蓝色呈环形，环的大小为红细胞直径的1/3，中间有明显的空泡；胞核1个，为紫红色点状，位于虫体的一侧，整个虫体像一枚镶有红宝石的戒指；红细胞内一般为1个原虫，偶有2个。被寄生的红细胞无改变形（图2-3-59）。

(2) 间日疟原虫晚期滋养体：由环状体发育长大，胞质逐渐增多，伸出伪足形态变得不规则，形成空泡；胞核1个，增大；胞质中出现棕褐色、细小的疟色素；被寄生的红细胞胀大，颜色变浅，开始出现红色的薛氏小点（图2-3-59）。

(3) 间日疟原虫裂殖体：由晚期滋养体发育增大，胞核开始分裂形成。①未成熟裂殖体：裂殖体形态不规则，胞质未分裂，细胞核分裂为2个以上，12个以下，疟色素增多。②成熟裂殖体：核分裂成12～24个，胞质分裂为相应的个数，每1个胞质包绕1个胞核形成1个裂殖子，疟色素集中成团（图2-3-59）。

(4) 间日疟原虫配子体：虫体圆形，雄配子体核大而疏松，位于虫体中央（图2-3-59）；雌配子体核小而致密，位于虫体边缘。被寄生的红细胞显著胀大，疟原虫充满整个红细胞（图2-3-59）。

(5) 恶性疟原虫环状体：胞质呈纤细的小环状，淡蓝色，直径为红细胞的1/5。1个红细胞内常寄生2个或以上原虫，同一环上内常有1～2个核（图2-3-59）。

(6) 恶性疟原虫配子体：雄配子体两端较钝圆，腊肠形，胞质呈蓝色而略带红色；核大而疏松，红色，位于虫体中央。雌配子体两端较尖，新月形，胞质蓝色；核小而致密，深红色，位于虫体中央。疟色素黑褐色，集中于核周（图2-3-59）。

2．自看标本：间日疟原虫薄血膜片（吉姆萨染色）：取薄血片1张，选有血膜的一面为观察面（此面向上），先在低倍镜和高倍镜下选红细胞分散均匀处，滴加镜油1滴，耐心按顺序观察。注意白细胞、淋巴细胞、单核细胞、巨噬细胞等血细胞与疟原虫的区别，血细胞具有特定的形态；注意疟原虫与红蓝色的染液沉渣及其他异物的区别，调节显微镜的微螺旋，若红蓝块与红细胞在同一水平，有一定的轮廓即为疟原虫，反之为异物，确定为疟原虫后进一步辨认具体为红细胞内期的哪个发育阶段。

【思考题】

疟疾病原学诊断方法有哪些？

附 薄血膜推片的制作及染色（详见第二篇第一章）

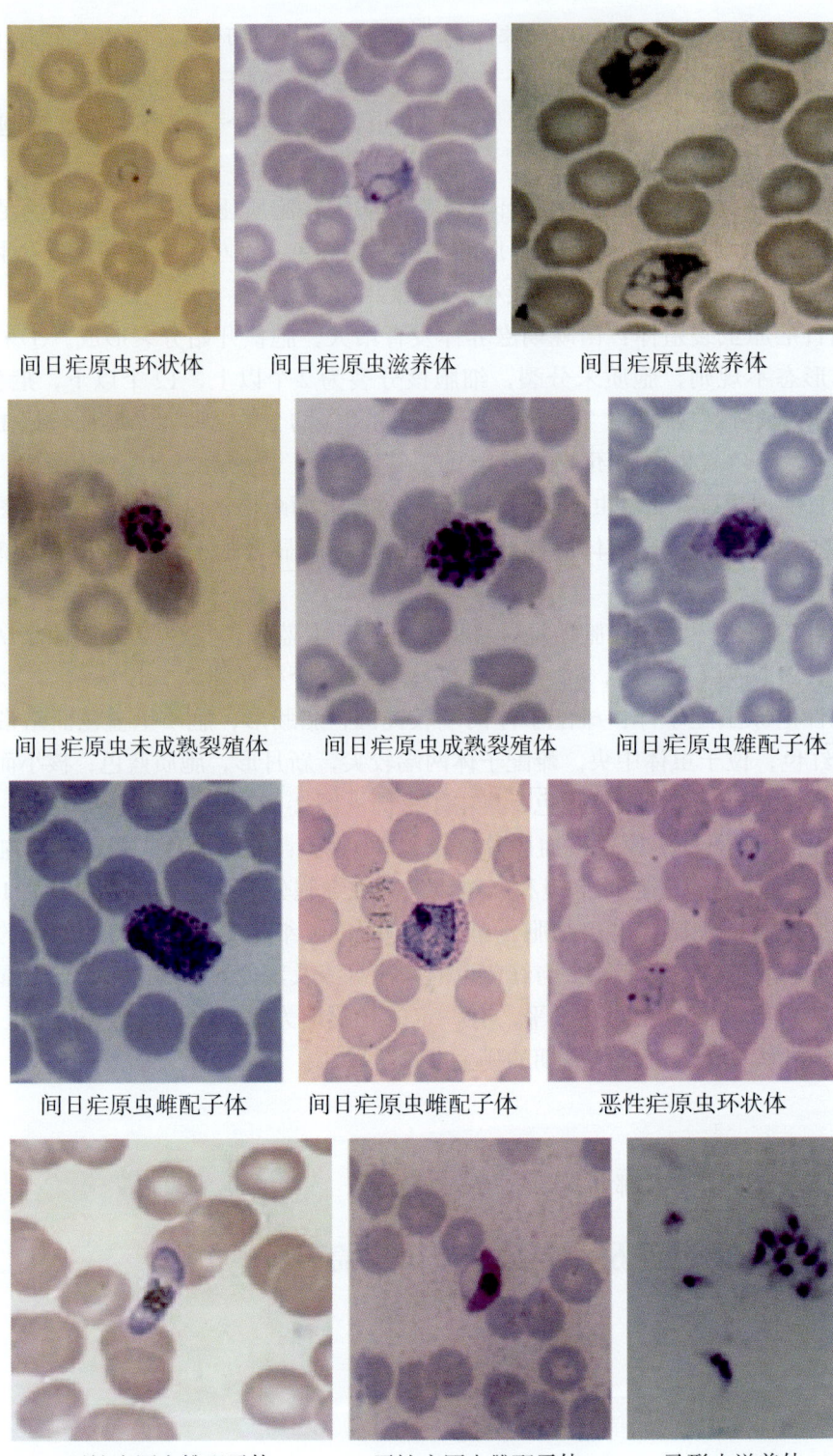

图 2-3-59 疟原虫形态

实验十六　主要医学节肢动物实验

一、蚊（*Mosquito*）

【实验目的】

1．掌握三属蚊的主要区别特征。
2．了解蚊虫生活史各期的形态。
3．了解蚊的刺吸式口器的构造，以了解其传病方式。

【实验内容】

示教标本

1．蚊成虫针插标本：用放大镜（或解剖镜）观察成蚊的形态。

成蚊分头、胸、腹三部分，有翅1对及细而长的足3对。

头部：略呈球形，两侧各有1褐色的复眼，眼的内侧有1对细长分节的触角，头的前下方为一根较粗的喙（多为刺吸式口器）（图2-3-60），喙的两侧有1对触须。雄蚊的触角有长而密的轮毛，雌蚊的触角轮毛短而稀。注意触须和喙上的黑白斑或白环。如三带喙库蚊的喙中段有一宽阔白环（图2-3-61）。

胸部：分前胸、中胸、后胸。中胸发达，其上的1对窄长的翅，翅脉与翅缘上都有鳞片。足3对，细长而分节。按蚊翅前缘有黑白斑。白纹伊蚊在中胸盾片上有一正中的白色纵纹。

腹部：分10节，最后2节变化为外生殖器，雌蚊有尾须1对，雄蚊演化为复杂的钳状外生殖器。

2．雌、雄蚊口器：用低倍镜观察，注意喙的形状和结构。雌蚊喙为典型刺吸式口器，包括：下唇1个，最粗，呈槽状，上生鳞片，末端有2个唇瓣。下唇槽内有六根"刺针"，分别为：上内唇1个，稍大，舌1个，扁薄，内含唾液管；上腭1对，末端膨大呈尖刀状，缘有细齿；下腭1对，末端较细，缘有粗齿。雄蚊口器中，上、下腭退化或几乎消失，不能刺入皮肤，因而不适于吸血。

3．三属蚊的代表成蚊

（1）中华按蚊（*Anopheles sinensis*）针插标本：灰褐色，成蚊体中型大小，翅的前缘脉有2大白斑，触须有4个白环（图2-3-61）。

（2）致倦库蚊（*Culex pipiens quinquefasciatus*）针插标本：淡黄褐色，成蚊体中型大小，喙和足上都无白斑和白环（图2-3-61）。

（3）白纹伊蚊（*Aedes albopictus*）针插标本：黑色，成蚊体中型大小，黑色间有白斑，中胸部背面正中有一条明显的白纵条纹，足上有白环（图2-3-61）。

观察时注意点：

1) 注意翅上有无白斑。按蚊一般翅上有黑白斑点，库蚊和伊蚊一般没有。

2) 注意蚊体的颜色、足上白环的有无。按蚊灰褐色，足上无环，躯体白斑，库蚊淡黄褐色，体躯上可有白斑，足上无白环；伊蚊一般黑色，体躯和足上有白斑和白环。

4．蚊卵：注意按蚊卵、库蚊卵、伊蚊卵的形态区别（图 2-3-61）。

（1）按蚊卵：舟状，中部两侧有浮囊，分散浮在水面上。

（2）库蚊卵：圆锥形，一端较粗，互相集结呈竹筏状，浮在水面。

（3）伊蚊卵：纺锤形，分散，沉于水底。

5．蚊幼虫：观察气门或呼吸管，注意呼吸管的长短与粗细，借以区分三属蚊类幼虫（图 2-3-61）。

（1）按蚊幼虫：尾端无呼吸管，只有一对气门，腹部背面有掌状浮毛，静止时体与水面平行。

（2）库蚊幼虫：尾端有一长而细的呼吸管，静止于水面时头下垂，身体与水面成一角度，倒挂在水中。

（3）伊蚊幼虫：尾端的呼吸管短而粗，静止于水面时体态如库蚊。

6．蚊蛹：体形呈逗点状，分头胸和腹部，胸背部有喇叭形呼吸管 1 对。

【思考题】

1．蚊类能传播哪些疾病？

2．比较三属蚊形态上的不同点。

蚊头部

蚊口器（喙）

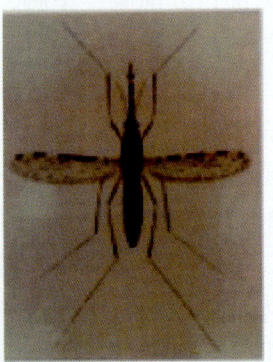
按蚊

图 2-3-60　重要医学节肢动物形态

图 2-3-61 蚊的形态

二、蝇（*Fly*）

【实验目的】

1．掌握蝇的一般形态特征，了解其传病的构造。
2．了解蝇的生活史各期形态。

【实验内容】

1．示教标本

（1）蝇头部玻片标本：用低倍镜观察，呈球形，两侧有1对大复眼，顶部中央有透亮单眼3个。非吸血蝇为舐吸式口器，由基喙、中喙和唇瓣三部分组成。基喙上有触须1对，触须上有触角芒。唇瓣膨大，腹面有许多凹沟，舐食时，食物经凹沟吸入（图2-3-62）。

（2）蝇足的玻片标本：用低倍镜观察，足多鬃毛。末端有爪及爪垫1对，爪间有刚毛状爪间突1个。发达的爪垫密布细毛，可以分泌黏液（图2-3-62）。

(3) 蝇蛹：注意颜色、外形和大小。蛹为棕褐色圆筒形，长为 5～8 mm。

(4) 常见蝇种针插标本：肉眼或放大镜观察。蝇体分头、胸、腹三部分，全身布满许多毛（细弱）及鬃（粗壮）。

1) 家蝇（舍蝇，*Musca domestica*）：体中型大小，长 6～7 mm，暗灰褐色，体分头、胸、腹三部。胸部有翅 1 对，足 3 对，胸部背面 4 条等宽黑纵纹，第四纵脉向上弯曲，与第三翅脉相遇（图 2-3-62）。

2) 大头金蝇（*Chrysomyia megacephala*）：体长 8～11 mm，躯体肥大，头宽于胸，体呈青绿色金属光泽，复眼大深红色，颊部橙黄色（图 2-3-62）。

3) 丝光绿蝇（*Lucilia sericata*）：体呈绿色金属光泽，颊部银白色，中等大小（图 2-3-62）。

4) 黑尾别麻蝇（*Helicophagella melanura*）：暗灰色，中胸背面有 3 条直的黑纵纹，腹部背面具有闪光的黑白相间的棋盘状斑（图 2-3-62）。

2. 自看标本：蝇的幼虫玻片标本：注意外形、后气门的构造。幼虫乳白色，前端尖细，后端钝圆，无眼无足，体分节。具后气门 1 对，为鉴别种类的依据之一（图 2-3-62）。

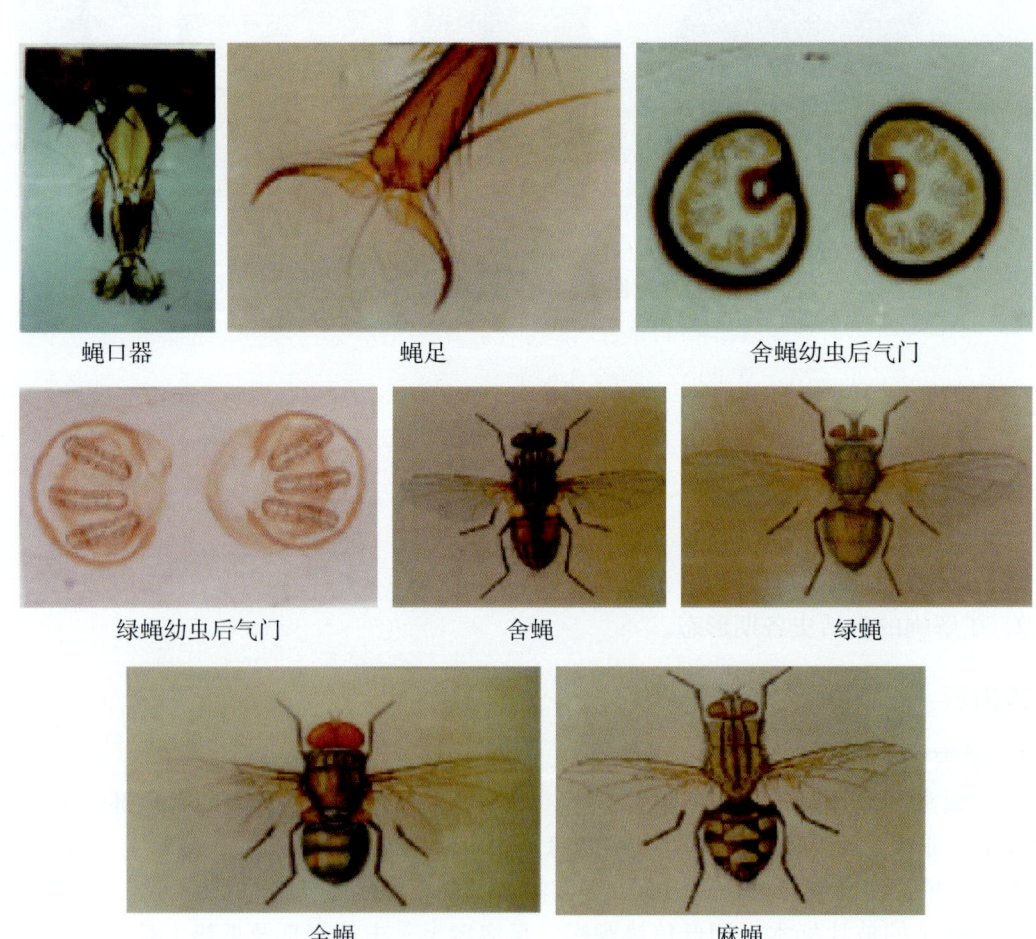

图 2-3-62　蝇的形态

【思考题】

蝇类有哪些形态特征？与传病有关的形态结构和生活习性有哪些？

三、蚤、虱（Flea、Louse）

【实验目的】

1. 了解蚤、虱成虫的一般形态特征。
2. 了解它们与疾病的关系。

【实验内容】

示教标本

1. 致痒蚤（人蚤）：注意蚤的一般形态特征，成蚤呈黄褐色或深棕色，两侧扁平。低倍镜观察各部构造。头部：略似三角形，触角 1 对，位于触角窝中，触角窝前有黑色圆形单眼（有的种类无）。眼鬃 1 根位于眼正下方。口器为刺吸式。胸部：胸分三节，有 3 对足，后足特别发达。腹部：分节，雌蚤腹部末端钝圆，在透明标本上可以看到受精囊，其形状因种而不同；雄蚤末端较尖，形成上抱器和下抱器等（图 2-3-63）。

2. 人体虱或头虱玻片标本：成虫背腹扁平，无翅膀，分头、胸、腹 3 部分，头部菱形，两侧突出处有眼 1 对，眼的前方有 1 对触角，各分 5 节。口器刺吸式，平时藏于头内。胸部由前、中、后胸 3 节融合而成，中胸背面两侧有气门 1 对，位于第 1、2 对足之间。腹面有足 3 对，每足胫节末端的指状突起与跗节末端的爪相对形成抓握器。腹部外观只见 8 节，第 3~8 节两侧边缘有侧背片。雄性腹部末端钝圆成"V"形，有一角质的交尾器伸出体外；雌性腹部末端分叉呈"W"形凹陷（图 2-3-63）。

3. 阴虱玻片标本：体形短宽似蟹状，雌虱体长为 1.5~20 mm，胸部短宽与腹部相连不可分。足 3 对，前足及其爪均细，但中足和后足强大，爪也粗大。腹部第 3~5 节融合为一节，其上具有 3 对气门，第 5~8 腹节侧缘具锥状突起，突起上有刚毛（图 2-3-63）。

  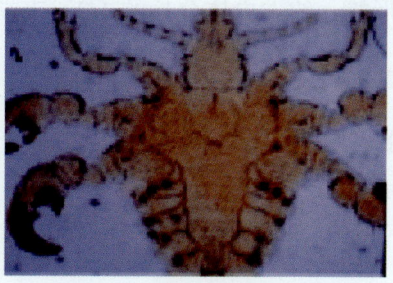

人蚤　　　　　　　　人体虱　　　　　　　　耻阴虱

图 2-3-63　蚤、虱的形态

【思考题】

蚤的形态特征有哪些？能传播哪些疾病？

四、蜱、螨（*Tick、Mite*）

【实验目的】

了解蜱、螨各种类的一般形态。

【实验内容】

示教标本

1. 硬、软蜱的成虫瓶装标本：肉眼或借助放大镜观察。

（1）硬蜱：头、胸、腹复合在一起，体型较大，长圆形，表皮革质，多呈褐色。虫体分颚体和躯体两部分。虫体前端为颚体（假头），分为颚基、口下板、螯肢、须肢4部分。躯体背面有盾板，雌虫盾板较小，仅复盖体前部1/3，雄蜱的盾板覆盖整个躯体背面。成虫腹面有4对足，幼虫3对足，分节（图2-3-64）。

（2）软蜱：色棕褐，基本形态与硬蜱相似。主要不同点如颚体小，位于躯体的前方腹面，从背面不能看到。躯体无盾板，气门板甚小，位于第4对足基节前外侧。

2. 疥螨玻片标本：近圆形，颚体短小，躯体背面有波状横纹等。足4对，短粗，呈圆锥形，2对在前，足末端均为一带柄的吸垫。2对在后，雌疥螨的后2对足末端具长鬃；雄虫第3对足末端具长鬃，第4对足末端具带长柄的吸垫。幼虫3对足，第3对足位于体之后端，其末端有细长的长鬃（图2-3-64）。

3. 蠕形螨玻片标本：用拇指挤压涂片法或透明胶纸粘贴法取得标本，后者用透明胶纸1 cm×6 cm，睡前清洁面部后各贴鼻尖及颊上两处，翌晨取下，平贴载玻片上，低倍镜下按一定顺序查找观察，可见微小蠕虫状的螨体，乳白色，半透明，体长为0.1～0.4 mm。颚体在前端，宽短呈梯形。躯体分为足体和末体两部分，足体腹面具4对粗短的足，呈芽突状。末体细长如指状，体表有环形皮纹。末体约占虫体全长的2/3以上，末端较钝圆者为毛囊蠕形螨；约占虫体全长的1/2，末端略尖，如锥状者，为皮脂蠕形螨（图2-3-64）。

【思考题】

蜱、螨与疾病的关系怎样？

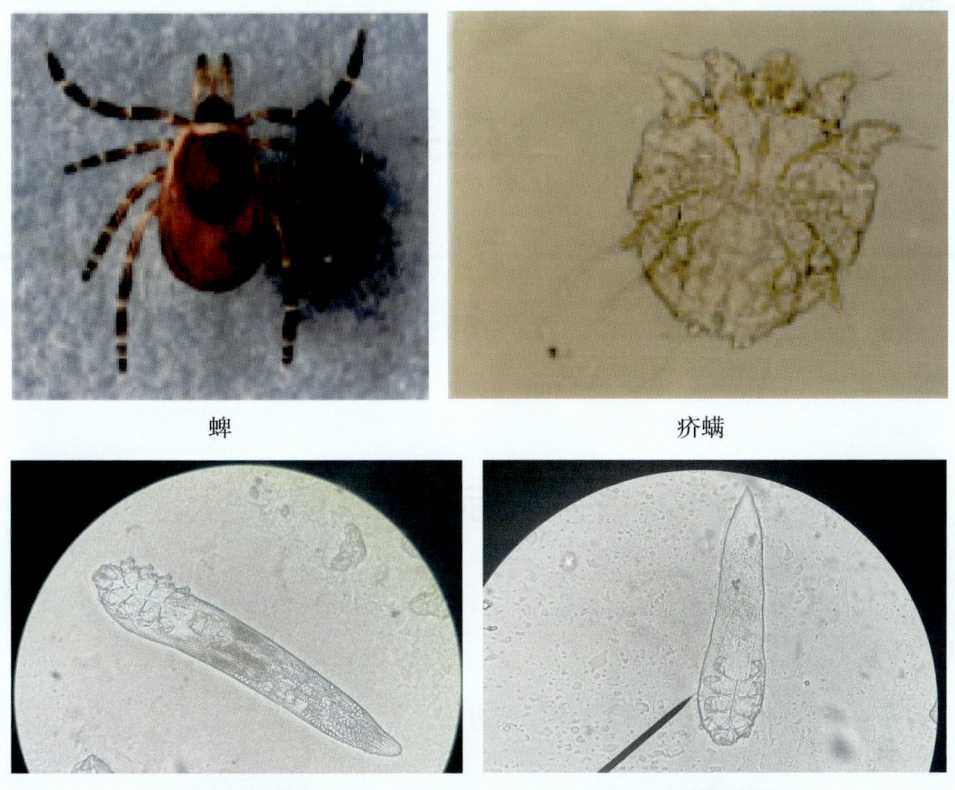

蜱　　　　　　　　　　　　　疥螨

毛囊蠕形螨　　　　　　　　　皮脂蠕形螨

图 2-3-64　蜱、螨的形态

附 1　直接刮拭法检查蠕形螨

用经火焰及乙醇消毒过的压迫器，从鼻沟刮取毛囊及皮脂腺的分泌物，置于已加一滴花生油或甘油的载玻片上，将分泌物摊开，加上盖玻片。低倍镜镜检。在标签上注明日期及检查者姓名等信息，以便登记检查结果。

附 2　透明胶带粘贴法检查蠕形螨

嘱受试者临睡前用热水洗脸，去除面部角化的上皮，有利于蠕形螨的爬出，不用任何化妆品和药物，将 1 cm×6 cm 的透明胶纸粘贴于鼻尖、额头、鼻翼或面部其他部位（如易出痘处、"T"字区等），使胶带紧贴皮肤，次晨取下贴于载玻片上，按一定顺序在低倍镜下查找。

第三篇

综合性实验

实验一　呼吸道标本的细菌学检查

【实验目的】

1．掌握呼吸道标本的细菌学检查程序和方法。
2．熟悉呼吸道标本的采集方法。

【实验材料】

1．临床标本：痰液标本、咽拭子。
2．培养基：血琼脂平板、巧克力血琼脂平板、麦康凯平板、常用生化反应管等。
3．试剂：革兰染液、抗酸染液、无菌生理盐水、氧化酶试剂、3%过氧化氢等。
4．其他：二氧化碳培养箱、离心机、显微镜等。

【实验方法】

1．标本采集

（1）鼻咽拭子：鼻咽拭子是一端弯曲的金属棉拭子。采集时，患者先用清水漱口，对光而坐，头向上仰张大口，用压舌板轻压舌根，取鼻咽拭子绕过腭垂，在鼻咽腔、腭垂后侧反复涂抹数次后小心取出，避免接触口咽部其他组织。

（2）咽拭子：将拭子用无菌生理盐水湿润，用压舌板轻压舌根，暴露整个口咽部，用棉拭子擦拭两侧腭弓和咽、扁桃体上的分泌物；采集白喉标本时要擦拭咽、鼻黏膜、伪膜部分和深层组织的分泌物。

（3）痰液标本：自然咳痰法：用清水漱口数次后，用力咳嗽自气管深部将痰液咳出吐至无菌容器中。

2．常见致病菌的检验程序与方法（图3-1-1）

（1）涂片染色检查：将标本涂片，进行革兰染色、抗酸染色或特殊染色，如怀疑白喉可选择阿尔伯特异染颗粒染色。根据细菌染色性、形态、排列方式等特点做出初步报告。

(2) 分离培养：常规接种血琼脂平板、巧克力血琼脂平板和麦康凯平板，35℃普通和二氧化碳培养箱培养 18～24 h。如发现可疑致病菌落，则进行涂片染色观察、生化反应及血清学鉴定。

(3) 特殊细菌的检验

1) 百日咳鲍特菌的培养：将标本直接接种于鲍-金培养基。如有细小、隆起、灰白色、水银滴样、不透明、有狭窄溶血环的菌落，进行涂片染色观察，如为革兰阴性小杆菌、卵圆形、单个或成双排列，结合菌落特点，可做出初步结论。进一步进行血清学凝集、生化反应及荧光抗体染色确认。

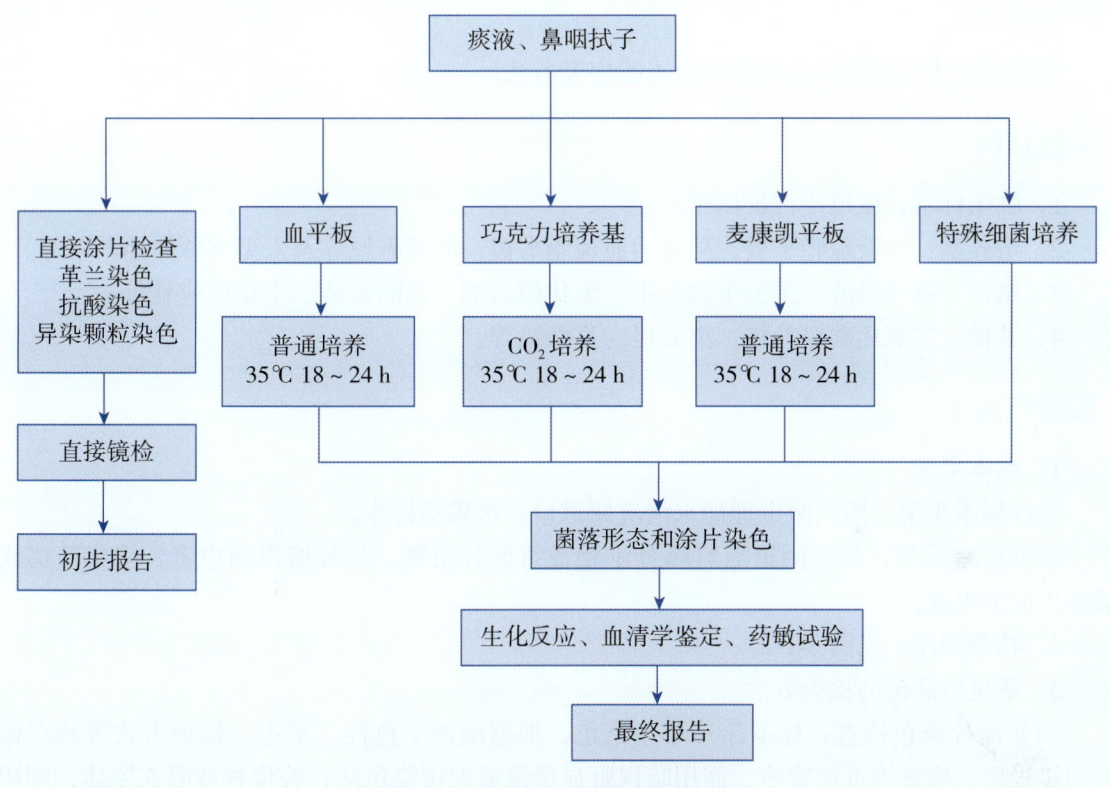

图 3-1-1　呼吸道标本的细菌检验程序

2) 白喉棒状杆菌培养：将标本接种于血清斜面或鸡蛋培养基。如有灰白色或淡黄色的菌落或菌苔生长，取菌落进行革兰染色或异染颗粒染色。发现典型的革兰阳性棒状杆菌，明显的异染颗粒，可初步报告。进一步分离纯化进行各项鉴定实验和毒力实验，可做出最后鉴定报告。

3) 流感嗜血杆菌培养：将标本接种于血平板和巧克力平板。根据"卫星"现象及对V、X因子的营养要求等进行鉴定。

4) 脑膜炎奈瑟菌培养：脑脊液标本接种于已保温在 37℃ 的血平板或巧克力平板，鼻咽拭子接种于已保温的选择培养基上，血液标本增菌培养后移至血平板或巧克力平板。挑取可疑菌落进行氧化酶实验，阳性菌落纯培养后进一步进行生化反应和血清学分型。

5）结核分枝杆菌培养：将标本接种于罗氏培养基中，37℃培养至 8 周，每周观察 1 次。如有淡黄色、干燥、表面粗糙的菌落生长，进行抗酸染色，如抗酸染色阳性，结合菌落特点、生长时间及鉴定实验，可做出报告。

实验二　泌尿生殖道标本的细菌学检查

【实验目的】

掌握泌尿生殖道标本的细菌学检查程序和方法。

【实验材料】

1．临床标本：尿道或宫颈拭子。
2．培养基：血液琼脂平板、巧克力血琼脂平板、解脲脲原体及人型支原体培养基等。
3．试剂：革兰染液、无菌生理盐水、氧化酶试剂、诊断血清、生化反应管等。
4．其他：二氧化碳培养箱、离心机、显微镜等。

【实验方法】

1．标本采集

男性标本采集：用无菌生理盐水清洗尿道口，再采集标本。

女性标本采集：采集阴道后穹隆分泌物或宫颈分泌物。怀疑梅毒的患者，采集溃疡底部挤出的组织液。

2．检验程序：见图 3-1-2。

3．常见致病菌的检验方法

（1）涂片染色检查：标本涂片革兰染色，根据细菌染色性、形态、排列方式等特点做出初步报告。检查梅毒螺旋体，需用暗视野显微镜或镀银染色法；若检查沙眼衣原体，则用吉姆萨染色检查包涵体。

（2）普通细菌培养鉴定：常规接种血平板，37℃培养 18～24 h。如发现可疑致病菌落，则进行涂片染色观察、生化反应及血清学鉴定。

（3）淋病奈瑟菌的培养鉴定：标本立即接种于已保温在 35℃的巧克力血琼脂平板，取可疑菌落涂片，革兰染色，并做氧化酶实验、糖发酵实验进行鉴定。

（4）解脲脲原体的培养鉴定：标本接种于解脲脲原体培养基，37℃恒温培养箱培养 24～72 h，若培养基变红，再接种于解脲脲原体固体培养基观察菌落特点，培养 48 h，如发现"油煎蛋"样菌落则为阳性。必要时可用 PCR 鉴定。

（5）衣原体的培养鉴定：标本采用细胞培养，采用吉姆萨染色或碘染色或免疫荧光抗体染色法检测包涵体。

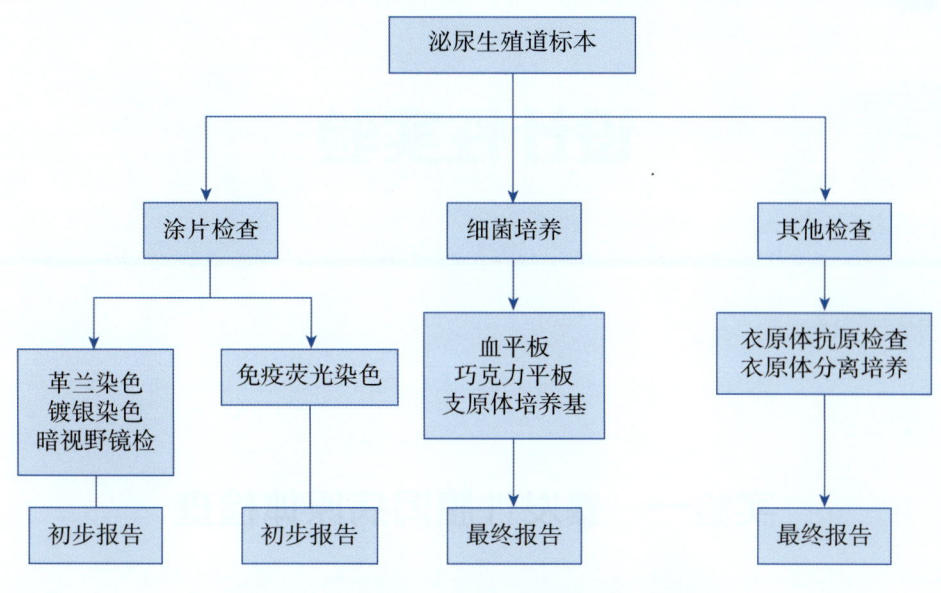

图 3-1-2 泌尿生殖道标本的细菌学检验程序

实验三　混合虫卵观察

取标本瓶中保存的混合虫卵，涂片，低倍镜和高倍镜下观察，辨认常见的寄生虫卵。

第四篇

设计性实验

实验一　暴发性腹泻病原体检查

如果某一区域发生了腹泻暴发流行，作为一名医生应如何确定病原体的种类、传染源以及怎样进行合理的防治？引起腹泻的常见病原体有痢疾志贺菌、霍乱弧菌、腹泻轮状病毒、溶组织内阿米巴、蓝氏贾第鞭毛虫、日本血吸虫等。暴发流行的原因一般是水源污染。

【实验目的】

感染性腹泻病是由病原微生物及其产物或寄生虫引起的以腹泻为主要临床表现的一组肠道传染病，本实验利用各种先进的技术检测某一区域暴发腹泻患者的病原，综合分析病原谱的构成、患者的临床资料、病毒的基因分型，以获得该区域感染性腹泻的病原学特征。

【实验材料】

HE 平板、SS 平板、全血平板、庆大霉素平板、TCBS 平板、碱性蛋白胨水增菌培养基、改良磷酸盐缓冲液、沙门志贺肉汤、三糖铁斜面琼脂、志贺菌属诊断血清、沙门菌属诊断血清、生理盐水、载玻片、盖玻片、竹签、蒸馏水、革兰染液、轮状病毒抗原二合一检测条、碘液。

【实验方法】

1. 标本的采集。
2. 粪便常规的检测：查寄生虫虫卵。
3. 增菌分离培养。
4. 菌落形态初步鉴定。
5. 血清学鉴定。
6. 轮状病毒抗原检测。

【统计学分析】

1. 患者一般资料。
2. 总病原谱的分布情况。
3. 寄生虫病原谱的分布情况。
4. 细菌病原谱的分布情况。
5. 病毒病原谱的分布情况。
6. 病原谱中混合感染分析。

【讨论】

1. 学生独立思考、分析引起暴发性腹泻的可能原因。
2. 如何采集标本？如何进行病原体的检测与鉴定？
3. 拟订合理的防治方案。
4. 各组组长汇报本组的讨论情况和设计方案。
5. 学生自由发言。
6. 教师点评。

实验二　透明胶带法调查大学生蠕形螨感染情况

【实验目的】

活跃学生的学术气氛，培养学生的科研能力，调动学生的学习兴趣，由老师带领学生开展大学生蠕形螨感染情况的调查，了解大学生蠕形螨感染情况。

【实验材料】

透明胶纸、载玻片、显微镜。

【实验方法】

1. 研究对象：在校某年级大学生
2. 研究方法

（1）调查方法：统一问卷调查，调查项目：家庭背景、个人卫生习惯、皮肤类型、临床症状等。

（2）检查方法：采用透明胶纸粘贴法进行检查，以大学生班级为单位。嘱受测者临睡前用热水洗脸，去除面部角化的上皮，有利于蠕形螨的爬出，不用任何化妆品和药物，将 1 cm×6 cm 的透明胶纸粘贴于额头、鼻尖、鼻翼或面部其他部位（如易出痘处、"T"字区等），用手压平，使胶带紧贴皮肤，次晨取下贴于载玻片上，带到实验室在低倍镜下按一定顺序查找观察、计数，记录虫种。同时，观察其面部皮肤状况并按要求记录于调查表中，并分析蠕形螨的感染流行特点。

【调查内容】

1. 各类人群感染率。
2. 面部各部位感染率。
3. 各居住条件下蠕形螨的感染情况。
4. 感染类型和虫种。
5. 感染程度。

附录 病原生物学实验报告绘图要求

病原生物学形态方面的内容，绘图主要采用"生物学作图法"，基本要求为：
1．形象，比例正确：标本的长宽、内部或者特定结构的位置和比例要符合实物。
2．色彩正确：一般绘图用 2B 黑铅笔，部分染色标本用彩色铅笔绘图。
4．用点和线绘图：线要光滑，不应有转角和重叠现象，点要小而圆、均匀，以疏密体现立体结构。
5．标注准确：主要结构名称统一用平行直线（不能用箭头，不能交叉）标注在图的右侧。
6．在图的下方注明标本名称（中英文）、放大倍数和染色方法。

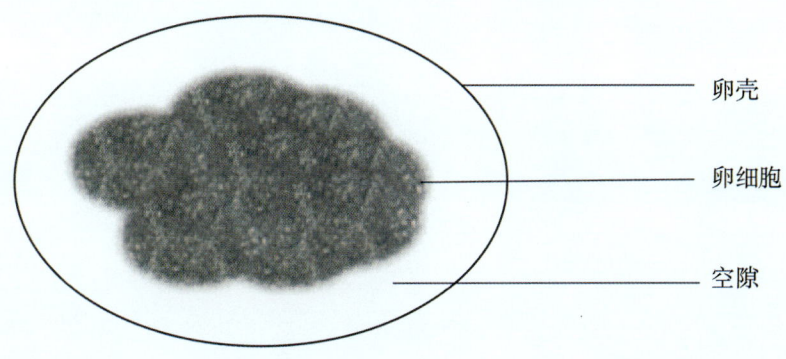

名　　　称：钩虫卵（hookworm egg）
放大倍数：10×40
染　　色：无（自然色）

参考文献

[1] 胡晓艳，向丽．医学微生物学实验指导．北京：北京大学医学出版社，2019．

[2] 王光西．人体寄生虫学实验指导．北京：北京大学医学出版社，2018．

[3] 李凡，徐志凯．医学微生物学．北京：人民卫生出版社，2018．

[4] 王光西．人体寄生虫学．北京：人民卫生出版社，2020．

[5] 李婉宜，陈建平．病原生物学实验指导．北京：人民卫生出版社，2016．

[6] 钟照华，张凤民，凌虹．病原生物学实验．2版．北京：人民卫生出版社，2018．

[7] 刘寅．新编医学微生物学实验指导．天津：南开大学出版社，2019．